'쓰러지면서 일어섬'
두 번째 이야기

남겨두고
싶어서요

한영제 지음

kmc

머리말

'예수 그리스도로 말미암아 하늘 아버님께서 영광을 받으시려는 것'(요 14:13)이 우리의 기도에 응답해주시는 이유이다. 과연 '사람의 영광'이 아니라 '하나님의 영광'(요 12:43)을 추구하는 것이 우리의 마땅한 본분이다.

하나님의 영광과 나의 영광의 차이는 백지장에 불과하다. 하나님의 영광을 위한다고 하면서 결국은 자기의 명예를 추구하게 되지는 않을까 살얼음판을 걷는 심정으로 옷깃을 여민다. 내 이름을 날리자는 것이 아니냐는 것이다(창 11:4).

어찌해야 할까? 모든 남겨놓는 것들이 의미가 있단 말인가?

자서전의 99%는 거짓이라는 말을 들은 적이 있다. 과장된 표현이기는 하지만, 나 중심으로 써 내려가고 있기 때문에, 적어도 대단히 주관적인 글이 될 것이라는 점에서는 어느 정도 공감이 간다. 내 이야기가 온전히 나 혼자만의 경험이 아니기 때문에, 서술하다 보면 그 일에 관련된 주변 인물들에게 또 다른 상처를 안겨주게 되는 것은 아닐까 염려된다.

하나님의 말씀인 성경은 하나님께서 우리 인류에게 주신 영원한 말씀이다. 하지만 우리의 이야기들은 시대와 상황에 맞는 사람에게만 은혜를 끼칠 뿐이다. 어느 때든지 누구에게나 적합한 이야기가 아니다. 그런 뜻에서 이 글들은 아주 제한적인 것임을 인식하고, 그 어떤 몇몇 사람들을 위해서 남겨둘 뿐이다.

지금까지 써왔고 보관해두도록 하신 하나님의 뜻이 계시지 않을까 싶어서, 부스러기를 모으는 심정으로 광주리에 담아 본다(요 6:12~13).

오병이어의 기적 현장에서 수많은 사람들이 먹고 난 다음, 제자들에게 그 부스러기를 모으도록 명하시고, 그렇게 할 수 있는 시간을 허락하신 것처럼, 나에게도 그 시간을 주고 계신 것을 소중하게 생각하면서, 더 어두워지기 전에 서둘러 본다.

대개 나라와 권세와 영광이 아버지께 영원히 있사옵기를 간구하면서….

2010년 1월 24일 주일

| 차례 |

1부
이는 만물이
주에게서 나오고

수화기를 들어라 _ 10

그가 누군지 모른다 _ 17

신학생 시절과 목회 초년 _ 21

아내와의 결혼 이야기 _ 36

삼다의 신앙 _ 40

조치원행 시내버스 기사 _ 54

갈 때는 말없이 _ 56

2부
주로 말미암고

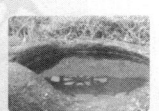

맞바꾼 봉투 _ 60

한밤중의 전화 _ 63

아빠 엄마께 (편지글 : 한은주) _ 65

한 건축위원의 간증 _ 66

일송정의 선구자 _ 68

온유한 사람이 땅을 얻는다 _ 71

우리 아버지 (편지글 : 한진주) _ 76

쌍무지개와 쌍햇무리 _ 78

우리에 대한 희망 _ 80

신비의 신호등 _ 85

오랜 숙제, 종교부지 문제 _ 87

성탄에 들려온 천상의 소리 (편지글 : 조은호) _ 97

떠오르는 당신 _ 98

충북연회본부 건축 _ 100

가다가 쓰러지면 어쩌나 _ 117

	청주공군부대교회 봉헌 _ 119
	군에서 온 편지 (편지글 : 박현수) _ 121

3부
주에게로 돌아감이라

단숨에 읽은 "좋은교회" 이야기 (글 : 김광덕) _ 134
회갑의 나이 _ 136
꼬마 천사들 _ 139
뿌리를 찾아서 _ 142
제천에 한 번 다녀와야 할 이유 _ 162
나만의 골방(지성소) _ 164
달빛 아래의 시상식 _ 166
한 걸음씩 늘 인도하소서 _ 169
싫지 않은 냄새 _ 172
The Man _ 174
나의 사랑, 나의 기쁨, 한영제 목사님께 (편지글 : 서승동) _ 179
생기를 불어넣어 주는 교우 _ 180
화수분 _ 184
부활절 메시지 _ 186
사랑합니다 (편지글 : 이대규) _ 191
그보다 더한 것도 _ 193
너를 향한 나의 마음 _ 195
보고 싶어요 (편지글 : 김진수) _ 202
각본을 써주신 하나님 _ 204
The Good Church _ 211

이는 만물이 주에게서 나오고, 주로 말미암고, 주에게로 돌아감이라(롬 11:36).

제 1부

이는 만물이 주에게서 나오고

1987년 3월 29일
설계의 꿈

초등학교 5학년 실과시간, 선생님은 우리에게 숙제를 내주셨다.
'이 다음에 너희가 자라서 어른이 되면 살게 될 집을 그려오너라.'
그리고 다음 시간에 그것을 한 사람씩 나와서 교탁 위에 내고 들어가게 하셨다. 그러니까 선생님은 자연히 우리가 그린 그림을 하나씩 내려다보고 계셨던 것이다. 그런데 내가 그린 소위 설계도면을 보시더니 싱긋이 웃으셨다. 왜 그러셨는가? 3층집인데다가 별의별 방을 다 만들었기 때문이다. 침실이나 식당은 말할 것도 없거니와 가정예배 드리는 방, 당시의 최고 영상매체인 환등기로 영상을 보는 방까지 만들었다. 도서실도 있었을까? 하여간에 그 당시에는 가정환경 조사할 때에도 초가집이냐 기와집이냐를 표시하던 시절인데다, 몇몇 관청이나 학교건물을 제외하고는 2층집도 거의 없던 때이다.
그런데 그때 그린 '3층집'을 지금 또다시 그리고 있지 않은가? 다섯 번이나 변경해 가며 그려서 설계사에게 건네주었다.
본래 설계는 설계사가 하는 건데….

1978년 5월 24일

수화기를 들어라

예레미야 1:4~10

　　　　　　북방의 앗수르가 망하고 바벨론 제국이 등장할 무렵(BC 645), 예루살렘에서 멀지 아니한 아나돗이라는 곳에 제사장 힐기야의 아들로 출생한 사람이 있었습니다. 그의 이름은 예레미야입니다.

　그는 신앙의 가정에서 자라나 20세가 되었을 때, 곧 유다 왕 요시야 제13년(BC 626)에 하나님의 부르심을 받았습니다. 여호와의 말씀이 그에게 임하셨습니다(4절).

　"뭇 민족에게 보낼 예언자로 세웠다"(5절)
는 것입니다. 예레미야는 이 음성에,

　"아닙니다. 주 나의 하나님, 저는 말을 잘할 줄 모릅니다. 저는 아직 너무나 어립니다"(6절)
라고 대답하였습니다. 그는 마치 '내 배는 너무 작고 바다는 너무 큽니다' 라고 고백하듯이, 하나님의 거룩한 사업에 자신이 부족함을 느끼고 있었던 것입니다. 그러나 하나님은

　"너는 아직 너무나 어리다고 하지 말아라"(7절)
고 하시면서 몇 가지로 확신을 주셨습니다.

　그 첫째는 '내가 너를 세웠다'(I appointed you a prophet)는 것입니다.

　"내가 너를 모태에서 짓기도 전에 너를 선택하고, 네가 태어나기도 전에

너를 거룩하게 구별해서, 뭇 민족에게 보낼 예언자로 세웠다"(5절)
라고 하였습니다. 인위적인 것이 아니라는 말입니다. '사람'의 뜻에 의해서가 아니라 '하나님'께서 예레미야를 세우셨다는 것입니다. 바울도 자신이 사도가 된 것은 하나님의 뜻으로 말미암은 것(고전 1:1, 고후 1:1, 골 1:1, 딛후 1:1)이라고 말하고 있습니다.

그러나 분명한 사실은 그 의미가 숙명론적인 예정론을 말함이 결코 아니라는 것입니다. 오히려 그가 현재 하고 있는 그 일 자체가 곧 세상에 태어난 목적에 일치한 일이라고 생각하고, 확실한 사명을 스스로 확증하는 말일 것입니다. '바로 이 일을 위하여' 나는 태어났고, 또 존재한다고 믿는 것입니다. 사도직에 대해 느낀 신성한 자의식(自意識)을 말하는 것입니다.

하나님은 우리에게도

"내가 너를 지명하여 불렀으니 너는 나의 것이다"(사 43:1), "이스라엘의 하나님이 너를 지명하여 불렀다는 것을 알게 될 것이다"(사 45:3), "네가 비록 나를 알지 못하였으나 내가 너에게 영예로운 이름을 준 까닭이 바로 여기에 있다"(사 45:4)
고 말씀하십니다.

우리는 각자의 소명의식을 확실히 해야 합니다. 어느 목회자 부인(김정진)의 수기에서

'나는 사모가 된 것을 후회해 본 적이 없다. 다시 이 땅에 태어나도 하고 싶은 천직(天職)은 역시 목회자 아내일 것이라고 생각해 보았다'
고 말한 것을 읽은 적이 있습니다.

우리가 주의 종의 길을 걸어가려고 할 때, 하나님께서 나를 세우신 것이라는 확신과 함께, 다시 태어난다 해도 이 일을 위한 일꾼이 되겠다는 고백을 할 수 있어야 할 것입니다.

둘째로 하나님은 예레미야에게 '내 말을 네 입에 둔다'(I have put my words in your mouth)며 확신을 주셨습니다.

"내가 너를 누구에게 보내든지 너는 그에게로 가고, 내가 너에게 무슨 명을 내리든지 너는 그대로 말하여라"(7절), "주께서 손을 내밀어 내 입에 대시고, 내게 말씀하셨다 : '내가 내 말을 네 입에 맡긴다'"(9절)
고 하였습니다. 예수께서도 무슨 말을 할까 염려하지 말라 하시면서, 말할 것을 알려주실 것이며, 성령께서 친히 말씀하실 것이라고 하였습니다(막 13:11, 눅 21:14~15, 마 10:19~20).

그런데 문제는 우리 소명 받은 자들의 입에, 하나님의 말씀을 담아둘 만한 그릇이 준비되어 있는가 하는 것입니다. 강아지 밥그릇에 사람이 먹는 음식을 담을 수는 없습니다. 나의 그릇이 정결해야 합니다. 이는 주의 일꾼이 되려면 좋은 인격을 가져야 한다는 것입니다. 하나님께서는 우리의 아집과 고집을 다 깨뜨리신 후에 당신의 일을 하실 것입니다. 모세도 그의 애국심만으로는 히브리 민족의 지도자가 될 수 없었습니다. 미디안 광야에서 40년을 양과 함께 살면서 인격이 변화되었을 때에 하나님은 그를 부르셨습니다.

'내 입은 나를 말하고, 네 입은 너를 말하고,
마음의 씨가 입의 열매요, 입의 씨가 인격의 열매이다.'
말이 온전하려면 그 마음이 온전해야 하고, 마음이 온전하려면 그 인격 전체가 온전해야 합니다. 매일 순간순간 나의 뜻을 하나님의 뜻에 복종시켜 그리스도의 형상을 닮아가는 훈련을 해야 하겠습니다.

셋째로 '함께하여 지켜주신다'(I will be with you to protect you)는 것입니다.
"너는 그런 사람들을 두려워하지 마라. 내가 늘 너와 함께 있으면서 보호해 주겠다. 나 주의 말이다"(8절)
라고 하였습니다. 성경에는 '두려워 말라'는 구절이 365번 나옵니다. 두려워하지 않을 수 있는 근거는 "내가 너와 함께 있겠다"(출 3:11~12)라는 데에 있습니다. 예수께서도 제자들에게 "너희는 가서, 모든 민족을 제자로 삼아, 아버지와 아들과 성령의 이름으로 세례를 주고, 내가 너희에게 명한 모든 것을 그들에게 가르쳐 지키게 하여라"고 하시면서, "보아라, 내가 세상 끝 날까지 항상 너희와 함께 있을 것이다"(마 28:19~20)라고 약속하셨습니다.

저는 2개월째 천안(天安)에서 목회를 하고 있습니다. 천안이라는 곳이 '하늘 천'(天)자와 '편안할 안'(安)자를 합한 곳이므로, 하늘 아래 안전한 곳은 천안밖에 없다고 합니다. 그러나 정말 그럴 수가 있을까요? 호랑이와 사자는 자기 힘으로 살지만, 양은 목자의 보살핌으로 삽니다. '신앙인의 불신앙'은 이 목자의 지켜주심을 잊고 두려워하는 것입니다.

존 웨슬리(John Wesley)가 최후로 남긴 말, "하나님이 나와 함께하는 것이 가장 기쁜 일"이라는 말을 되새겨 보십시오. 그러므로 하나님의 종이 되고자 하는 우리는, 주님이 나와 함께하심을 확신하는 믿음의 사람이 되어야 할 것입니다.

마지막으로 '권능을 주신다'(I give you authority)고 했습니다.

"똑똑히 보아라. 오늘 내가 뭇 민족과 나라들 위에 너를 세우고, 네가 그것들을 뽑으며 허물며, 멸망시키며 파괴하며, 세우며 심게 하였다"(10절)는 말씀입니다. 예수께서도 전도 여행을 떠나는 제자들에게 능력과 권세를 주셨습니다(눅 9:15, 10:1~20). 그리고 성령이 임하실 때 권능을 받고 온 세계를 향한 증인이 된다고도 하셨습니다(행 1:8).

일을 맡기실 때 능력도 주십니다. 군대에 가서 전방에 배치되어 보초를 설 때 아무런 지원도 없이 그렇게 하라고 시키지는 않습니다. 음식도 옷도 신발도 모자도 털장갑도 줍니다. 그리고 총기도 주면서 지키라고 합니다. 홀랑 벗기고서 근무지로 보내지 않습니다.

이제 주의 부르심을 받은 자는 능력을 얻어야 할 것입니다.

그러려면 성령 안에서 그분의 도우심을 구해야 할 것입니다.

명화(名畵) '사운드 오브 뮤직'(Sound of music)에서, 대령의 집 아이들이 자려고 하는데 천둥이 요란히 치면서 억수같이 비가 쏟아지자 무서움에 못 이겨 모두 가정교사인 마리아의 방에 모여드는 장면이 있습니다. 한 아이가 선생님에게 질문을 합니다.

'천둥은 왜 치나요?'

선생님은 대답합니다.

'천둥은 번개에 대답하기 위해서 치는 거야.'

이제 이 시간에도 하늘의 하나님과 땅의 우리의 기도가 부딪칠 때에 이에 대답하기 위해서 '천둥과 요란한 소리와 번개와 지진'(계 8:3~5)이 일어날 것입니다.

전화번호부를 넘기다가 눈에 띄는 구절이 있었습니다. '아무리 바빠도' 라는 제목의 다음과 같은 글입니다.

'현재 하고 있는 일이 바쁘다는 이유로 전화를 받지 않는 일이 없어야 합니다. 전화의 내용이 지금 하고 있는 일보다 오히려 더 급한 용무일 수도 있기 때문입니다.'

그렇습니다. 지금 바삐 하고 있는 일과가 중요한 것임에는 틀림없으나, 우리에게 들려오는 전화벨소리, 곧 우리 주님의 음성을 소홀히 한다면, '수술은 성공적인데 사람은 죽었다' 는 식의 삶이 될 것입니다.

울리고 있는 전화 수화기를 들어서 그 음성을 들으십시오.

"나 여호와 하나님이 너를 나의 일꾼으로 세웠다. 너는 이 소명 의식에 투철하여라."

"지금 내 말을 네 입에 두려고 한다. 나의 말을 담아 전할 수 있는 좋은 그릇, 훌륭한 인격을 소유하기 위해 힘써라."

"네가 주의 일을 하려는 데에 용기가 없어 머뭇거리고 있는데, 두려워 말고 믿음의 사람이 되어라. 내가 너와 함께할 것이며 지킬 것이기 때문이다."

"나의 사람, 사랑하는 나의 일꾼들이여, 성령의 사람이 되어 능력을 받아 나의 가장 사랑하는 힘 있는 증인이 되어라."

여러분은 수화기에서 들려오는 이러한 음성을 듣고 있습니까? 아니면 계속 전화기의 벨소리만이 울리고 있습니까?

주님, 수화기를 들어서 주님의 고요한 음성을 듣기 원합니다. 그리고 이렇게 말하게 하십시오.

"제가 여기에 있습니다. 저를 보내 주십시오"(사 6:8).

예수 그리스도시여!

수세사건 직후 시험하는 자가 주께 와서 '만일 네가 하나님의 아들이거든' 이라는 말을 두 차례 사용(마 4:3, 6)하면서 '하나님의 아들로서의 의식' (filial consciousness, vocational consciousness)을 의심케 하려 하였고, 십자가에 달리신 주님을 향하여 조롱하던 자들도 "네가 하나님의 아들이거든 너나 구원하여라. 십자가에서 내려와 보아라"(마 27:40, 눅 23:35f)고 하였습니다. 그러나 주님은 변치 않으셨습니다. 주여, 우리가 당신의 일꾼이 되는 것은 주님께서 세워 주심임을 깨닫고 감사하오며, 이 일만이 나의 사명임을 깨닫게 하옵소서.

모세가 자신의 말재간 없음을 말할 때, 당신은 "누가 사람의 입을 지었느냐? 누가 벙어리를 만들고 귀머거리를 만들며, 누가 앞을 볼 수 있는 사람이 되게 하거나 앞 못 보는 사람이 되게 하느냐? 바로 나 주가 아니더냐? 그러니 가거라. 네가 말하는 것을 내가 돕겠다. 네가 할 말을 할 수 있게 내가 너에게 가르쳐 주겠다"(출 4:10~12)고 하셨습니다.

주여, 우리의 입술을 주장해 주십시오. 그래서 우리의 입을 통해 당신의 말씀이 선포될 수 있도록 주님에게 복종하는 자가 되게 하옵소서.

"너희는 세상에서 시련을 당할 것이다. 그러나 용기를 내어라. 내가 세상을 이겼다"(요 16:33)고 하신 주님이시여, 주께서 우리와 함께하심을 더욱 확신하게 하옵소서.

웨슬리에게 '확실한 증거'를 주셨던 주님이시여, 그가 올더스게이트 사건 이후에 마음속에 처음 체험한 바 그 사실을 모든 사람에게 공공연하게 증거하였다고 하였는데(1738. 5. 24. 일기), 저희도 '복음의 투사'(교가 후렴 가사)로서의 직분을 다할 수 있도록 성령의 사람, 능력의 사람이 되게 하시옵소서.

언제든지 우리에게 음성 주시기를 기뻐하시는 예수 그리스도의 이름으로 비옵나이다. 아멘.

감리교신학대학교 웨슬리회심 240주년기념 설교대회(제한시간 7분/최우수상)

1986년
그가 누군지 모른다

　　　　　　신학교 2학년 때쯤으로 기억합니다. 인천 지역 어느 기도원에 기도를 하러 들어갔습니다. 그때 기도원 직원은 저를 대학생으로 보지 않고 목회하는 사람으로 보고서는, 숲속 외딴 기도실로 거처를 정해주던서 대뜸 하는 말이,

'식사는요? 금식하실 거죠?'

그러는 겁니다. 순간적으로 분명하게 대답을 못하는 충청도 기질이 있어서, '아뇨' 소리를 못하고는 타의에 의해 '굶식'을 하게 됐습니다.

어머니께서 저를 배신 후 어느 날부터는 아예 누워 주무시지도 못하였다고 합니다. 물론 다 어려운 시대였지만, 특별히 저를 가지셨을 때는 정말 먹을 것이 없었다고 합니다. 낳고 보니 얼마나 작은지 동네 이북사람이 와서 보고는

'왜 이리도 쪼그만노?'

라고 했다고 합니다. 그렇게 비리비리했던 저는 아프지 않은 날이 별로 없었던 것으로 기억합니다. 아홉 살 때 황달에 걸려 40일을 꼼짝 못하고 누워 있었던 일이 있습니다. 움직이면 죽는다는 소리를 들었습니다. 아는 분이 그 병으로 죽었다고 해서 나도 그럴지도 모른다고 생각했습니다.

초등학교 4학년 때부터의 일기장이 지금도 다 있습니다. 지금도 가끔 들춰보면 '나는 왜 이렇게 아플까?' 뭐 그런 글들이 자주 눈에 띄어요. 닷새마다 서는 장날이 돌아오면 국고개라는 곳에 있는 한의원에게 가서 침을 맞곤

했지요. 할머니나 어머니가 학교에 오셔서 수시로 조퇴를 하기도 했어요.

저는 태중에서부터 곯아서 식사를 건너뛰고는 못 사는 체질입니다. 속이 비는 것을 우리는 '촉이 난다'고 했고, 촉이 나면 정신이 분열됩니다. 먹지 않으면 아무것도 못합니다. 지금도 아무리 늦은 밤이라도 배가 고프면 잠이 안 와요. 라면이라도 하나 끓여 먹어야 잠을 잘 수 있습니다. 자다가도 배가 고프면 깨어난다니까요.

그리고 저는 무서움을 유달리 많이 탑니다. 제 바로 위의 형은 아주 어릴 때부터 혼자 그 외딴집을 봤대요. 고등학생 때 한밤중에 일어나 부스스 옷을 주워 입고는 나가더니, 그 높고 깊은 봉화재(313m)라는 산에 혼자 올라가 밤새워 기도를 하고 내려옵니다. 형은 아주 어릴 적부터 겁이 없었다고 어머님이 그러셨습니다. 그런데 그에게 없는 이 겁이 모두 제게로 몰려왔나 봅니다. 저는 초등학교 6학년 때 학교가 끝나면 밤이 되니 무서워서, 밝을 때 동생이 와서 기다리고 있다가 같이 집으로 오곤 했습니다.

이런 겁쟁이가 청년이 되어서도 여전히 겁이 많았는데, 기도원 본채에도 얼마든지 방이 있는 거 같더구만, 굳이 동떨어진 외딴 기도처에다 방을 정해 주고, 금식시킬 게 뭐예요? 불도 못 끄고 잤습니다.

배는 고프고 주위는 허전하고 괜히 추운 것 같기도 하고, 이불이라고는 담요 얇은 것 하나였습니다. 저는 또 추운 것을 못 참아요. 지금도 조금만 추우면 콧물을 흘려요. 5월 말까지 내복 입어요. 5월 30일이 결혼기념일인데, 결혼식 당일에도 입었어요. 주례자 옆에는 선풍기가 돌아가고 있었는데, 저는 조금이라도 더 살쪄 보이려고 입고 있었죠.

아침예배 시간에 모이는 곳에 갔더니 기도원 직원이 저를 보고 지난 밤 잘 잤느냐고 물어요. 잘 잤다고 했지요. 그랬더니 재차 또 물어요. 그러면서 그 기도실 문을 열면 바로 그 앞에 바위가 있지 않느냐며, 그 기도실에서 머무는 사람 중에 간간 그 바위에서 뭐가 나타나서 놀라는 사람들이 있다는 겁니다. 어떤 때는 무장을 한 장수가 칼을 들고 대들기도 하고, 어떤 때는 머리를 풀어헤친 여자가 나타나기도 한답니다. 귀신은 여자귀신이 더 무섭던가요? 그것도 처녀귀신이 그래요? 하여간에 그러면서 괜찮았느냐는 겁니다.

그렇잖아도 저는 지난 밤 일이 있었습니다. 누군가가 저 혼자 쓰는 방에 들어오더니, 밤새도록 내 오른쪽 허벅지 옆에 앉아서는 얇은 홑이불이 벗겨질 때마다 덮어 주곤 하는 것을 경험했습니다.

저는 어릴 적부터 반듯하게 누워 자지를 않는 습관이 있습니다. 엎드려 자면서 침을 많이 흘렸는데, 그런 사람은 두더지를 먹으면 좋다고 해서, 밭에서 일하다 잡히기만 하면 그 두더지는 거의 저 혼자만의 약이었습니다. 요즘 제가 사는 골짜기에도 두더지가 꽤 많아요. 두더지가 있다는 것은 지렁이가 많다는 것이고, 지렁이가 있다는 것은 토양이 오염되지 않았다는 거잖아요. 하여간에 시간이 없어 못 잡아먹고 있어요.

또 좀 커서도 역시 모로 누워 자는 습관이 있었습니다. 뒤통수가 나와 반듯하게 누우면 뭔가 눌리는 느낌입니다. 초등학교 1학년에 입학했을 때 교복 같은 걸 사주었는데, 모자가 맞는 것이 없어서 고등학생들이 쓰는 것을 쓰니 맞더라고요. 뒷마치가 나왔거든요. 그래서 지금도 오른쪽으로 혹은 왼쪽으로 바꿔 가면서 자는 습관이 있습니다. 같이 사는 여자가 자기 쳐다보면 좋아하고, 반대편 쳐다보면 섭섭해 해요. 안 쳐다본다고 서운해 할 게 없는 게, 때가 되면 또 고개가 그쪽으로 돌아갈 겁니다. 아내 된 이 여러분, 여러분의 남편들이 고개가 안 돌아온다고 너무 걱정하지 마세요. 때가 되면 다 돌아온다니까요.

기도원에서의 그 날 밤도 이쪽저쪽 자꾸 모로 돌아가며 자니까, 덮고 있던 그 가벼운 홑이불이 자꾸 벗겨집니다. 이때마다 제 오른쪽 허리 편에 앉은 그이는 이불을 잘 덮어 주곤 하였던 것입니다. 자다가 눈을 지그시 떠보면 그는 그대로 제 옆에 앉아서 자고 있는 저를 지켜보고 있고, 또 자다가 눈을 떠보면 여전히 그가 앉아 있는 겁니다.

그러나 아침에 일어났을 땐 그가 없었음도 알았고, 사실 저 혼자 착각을 하면서 잤다는 것도 알았습니다. 그러나 그 착각 때문에 아무 두려움 없이 편히 잘 수 있었던 것은 분명합니다. 그 어느 분 때문에 말입니다.

아침에 기도원 직원은 제가 교역자가 아닌 신학교 저학년 학생이란 걸 알고는 식사를 하겠느냐고 하잖아요? 그래서 얼른 그러겠다고 했습니다. 또 우물거리다가 굶게 될 것 같았습니다. 그리고 수요예배 때는 저한테 설교를 하라고도 했습니다.

저는 그 일을 당시에는 아무에게도 말하지 않았습니다. 아직도 그 날 밤 그곳에서 나의 마음을 푸근하게 해주고 몸을 따뜻하게 해준 그이가 누구인지를 모르기 때문입니다. 그러나 나약한 마음을 위로해 주고 용기를 주려고 하시는 하나님의 따스한 손길을 지금도 어렴풋이나마 기억하고 있습니다.

나 혼자서 가는 길 불안하지만
믿기만 하면 믿기만 하면
주 하나님 나 함께 동행하시니
아무 염려할 필요 없네
능력 많은 주의 손이 날 지키시니
사랑의 손 나를 굳게 잡아주시니 (예예예)
나 혼자서 가는 길 불안하지만 믿기만 하면 믿기만 하면
주 하나님 나 함께 동행하시니 아무 염려할 필요 없네
(♪ 믿음의 승리 / 김정준 사 / 김덕진 곡 / 짝사랑曲)

부흥집회 설교 '너는 내 것이다'

2008년 4월 13일 주일저녁

신학생 시절과 목회 초년

누가복음 6:38

1. 신학생 시절

애당초 신학교에 들어간 것부터가 기적이었지만, 그렇다고 계속 다닐 수 있다는 보장이 없었습니다. 한 학기라도 다니고 나면 무슨 수가 생기지 않을까 막연한 기대를 하였습니다. 안 되면 이미 영장이 나왔으니 그대로 입대할 생각이었습니다. 아니면 그저 서울역에 가서 지게를 지면 될 거라는 생각도 했습니다. 그러나 막상 서울역이 그렇게 만만한 곳이 아니라는 걸 알았습니다. 할 일도 없었고, 할 수도 없었습니다. 그래서 신학교에 입학한 후 한 달 동안 새벽마다 애타게 기도했습니다.

입학 후 집의 도움을 받지 않고 혼자 모든 것을 해결해야 한다는 것이 제게는 너무나 큰 부담이었습니다. 마음고생이 되었던 것 같습니다. (그래서인지 그 이후부터 눈이 나빠져 안경을 쓰기 시작했습니다.)

1학년 첫 학기에 군목시험이 있었습니다. 그리고 그 시험에 합격하면서 군종장교 후보생이 되었습니다. 그래서 일찍 군대에 가려던 생각도 접게 되었습니다.

1학년 1학기 때는 노트 하나 살 여유가 없었습니다. 그래서 형이 군대에 있을 때 저 부산 인쇄공장에서 근무했는데, 휴가 때 가지고 나온 누런 백로지(갱지)로 묶은 연습장 한 권에다가 모든 과목의 강의 내용을 앞뒤로 죽 적어

나갔습니다. 한 면만 썼으면 괜찮았을 터인데, 그때는 종이를 아낀다고 앞뒤로 써놓아서 더 어려웠습니다. 그러다 보니 시험을 볼 때는 아주 불편해서 과목별로 죽죽 찢어 분류해 가면서 공부했습니다. 지금 기억으로도 그 신학교 1학년 때 산 책이라고는 고작 에밀 브루너의 「신학입문」이라는 340원짜리 한 권에 불과합니다.

1학년 2학기부터는 기숙사에서 아침저녁 두 시간씩 전화 받는 아르바이트를 하면서 식비를 면제받기도 하였습니다. 학비 기숙사비 도서비 교통비 그리고 용돈까지 스스로 해결해야 하는 때였기 때문입니다.

그러다가 신학교에 들어간 지 1년이 지나(1976. 2.) 처음으로 장학금을 받게 되었습니다. 한참 어렵던 때였으니 그 장학금이 제게는 매우 소중한 돈이었습니다. 그러나 그 모두를 당시 실습하며 출석하던 교회(내동)의 건축헌금으로 고스란히 바쳤습니다.

고학년이 되자 규정상 전화당번도 할 수 없게 되었습니다. 그래서 한때는 불광동에 고등학생 하나를 가르치기 위해 아침마다 다녔는데, 아침 식사를 하지 않으면 기숙사비를 할인해 준다고 해서 아르바이트를 핑계로 아침 식사를 거르기도 했습니다. 그러다가 아무래도 어려워서 교회 실습하던 인천의 어느 권사님 댁에 아예 입주하여 과외지도를 했습니다.

그러던 어느 날이었습니다. 우리 교회에서 부흥회가 열렸는데, 금요일 밤 집회가 끝나고 집에 돌아오니까, 권사님이 그 늦은 밤에 과외지도비를 주시는 겁니다. 신학교에 들어와 처음으로 여윳돈이 생겼습니다. 그 당시 저는 교통비가 없어서 학교를 가지 못한 날도 있었을 정도였거든요.

자정 즈음에 잠을 청하면서 이렇게 생각하였습니다.

'정말 모처럼 여유가 생겼구나! 늘 남들 앞에 서야 하는 사람으로서 그 동안 옷이 없어 단정치 못해 아쉬웠는데, 이 돈으로 양복 한 벌 사 입어야겠다.'

비록 신학생이었지만 저는 그때 고등부를 지도하는 것은 물론, 성가대 지휘와 성인 예배 사회를 보았고, 때때로 주일저녁 설교도 하였는데 마땅한 옷이 없었습니다. 그런데 이제 제대로 옷을 맞추어 입을 수 있다는 행복감에 젖으면서 잠이 들었습니다.

그렇게 너덧 시간 자고 난 다음, 토요일 새벽에 교회에 갔습니다. 부흥회 마지막 날 새벽집회 시간이었습니다. 그런데 하필이면 그 날 새벽에 부흥 강사님이 예배실 의자구입을 위한 헌금을 작정시키는 것이 아닙니까? 제게 여윳돈이 있다는 것을 어떻게 그분이 알았나 싶을 정도였습니다. 그 날 새벽에 저는 그걸 하나님께 바치기로 작정했습니다. 그러고는 이튿날인 주일 아침에 헌금했습니다. 그러니까 고작 만 하루 정도만 만져 볼 수 있었던 돈이었지요.

그러나 이 문제에 관하여 저는 신학교를 다니면서 하나의 결론을 얻었습니다.

'하나님은 분명 나에게 부족함 없이 주셨다.'

'하나님께서 나에게 주신 만큼 내가 쓴 것이 아니라, 내가 쓰는 만큼 주셨다.'

놀라운 고백이었습니다. 그것은 사실이었습니다. 4학년 때에는 학년(반)에서 책이 가장 많은 사람 축에 들어갈 만큼 부자가 됐습니다. 언제나 남에게 신세를 져야 했던 때와는 달리, 상급생이 되었을 때는 그래도 누구 못지않게 남에게 아이스크림 하나라도 사줄 수 있었습니다. 그리고 노트에다가 이렇게 적었습니다.

'돈이 없어서 해야 할 일을 주저하는 일은 없게 하겠다. 그 일이 하나님께 영광만 된다면 돈은 얼마가 들든, 나에게 그 경비가 있든 없든 관계치 아니하겠다.'

그 후 저는 지금까지 돈이 없어 무엇을 못한 적이 한 번도 없습니다. 믿음이 부족하고, 아이디어가 부족하고, 감동과 확신이 없어서 못했을지언정, 아니면 우리를 향한 다른 뜻이 계셔서 일을 좀 늦추기는 하셨을지라도, 그 하나님의 때가 되었는데 돈이 없어서 못한 일은 한 가지도 없다고 말할 수 있습니다.

2. 첫 목회지

좋은교회는 목회를 시작한 이후 다섯 번째 교회입니다. 천안에서 목회를 시작하여 두 곳의 군대교회를 거쳐 부목사 생활을 잠시 하고는 이 교회를 개척했습니다.

첫 목회는 물론 전도사로서 담임을 하였습니다. 그 교회에 부임하면서 만 3년 6개월 동안 담임하기로 계약을 했습니다. 전임자가 개척하고 난 다음 군목으로 입대하던 참이었는데, 그가 돌아올 때까지만 제가 맡기로 한 것입니다. 당연히 저는 때가 되면 떠나는 것이고, 그분은 당연히 때가 되면 다시 돌아오게 되었습니다.

그러니까 저는 철저히 땜질하는 목회였고, 그분은 인간적으로 보면 분명 그 교회의 주인이었습니다. 그렇게 되니까 교인들도 저를 담임자로 보지 않고 정말 그 목사 밑에 있는 부담임, 그야말로 전도사 정도로 보았습니다. 만 3년을 그곳에서 사역하였는데, 교회 전화가 그 3년 동안 저희 집에 있는 것이 아니라 그 목사의 누님 되시는 집사님 댁에 있었습니다. 그 집사님 댁이 곧 교회였으니까요. 아예 교회를 개척할 때부터 그런 의도를 가지고 지었기 때문에, 아래층에는 그분들이 사시고, 예배실은 2층이었습니다. 누가 봐도 그분들의 교회였습니다.

한번은 학생부가 '문학의 밤' 인가를 한다고 순서지를 만들어왔습니다. 고등부 회장이라는 남학생이 들고 왔는데 보니까, 제일 앞면에 '담임목사' 하고는 군목으로 가 계신 전임자의 이름을 쓰고, 그 밑에 제 이름을 전도사로 써놓았습니다. 고등부 회장이라는 아이의 사고가 그랬던 것이지요. 그러니 대다수 일반교인들에게도 그런 마음이 무의식적으로 깔려 있었을 것입니다.

정말 인간적으로 말하면 저는 땜장이였을 뿐입니다. 분명 언젠가는, 아니 불과 3~4년이 지나면 저는 그곳을 떠나야 했습니다. 저도 군목으로 가도록 확정되어 있었기 때문입니다.

그러나 저는 그런 생각을 하지 않았습니다. 그 기간과 그 장소는 목회의 삶을 시작하는 아주 소중한 기간이고 고귀한 사역지였습니다. 어느 누구, 그 선배 분을 위해서 하는 목회가 아니었습니다. 그 교회는 분명 인간적으로 말하면 그 선배님과 그 가족의 것이요, 그런 식으로 말하면 저는 머슴에 불과하며, 손님으로 취급될 것입니다. 하지만 아닙니다. 모든 교회의 주인은 우리 주님이시고, 또 제가 하는 목회도 주님을 위한 것이며, 또 저 자신의 목회를 하고 있는 거란 말입니다. 안 그렇습니까?

저는 군에서 사병들이 복무기간을 대충 때우는 것을 아주 싫어합니다. 나라와 군대를 위해서만이 아니고, 자기 자신의 청춘 가운데 아주 소중한 기간을 보내고 있다는 사실을 왜 망각하느냐 그겁니다. 그리고 혹 어렵다 하더라도 나라를 위해 그만한 봉사를 하는 일이 언제 또 있겠습니까? 내 민족의 평화와 안전을 위해서 수고하는 것이 그렇게도 억울합니까?

한번은 예배당을 짓는 도중에 말다툼이 벌어졌습니다. 미장공이 너무 형편없이 작업을 해놓았습니다. 도저히 못 봐주겠는 겁니다. 지금도 저는 '눈 수평' 혹은 '눈 잣대'라는 별명이 있습니다. 눈으로 보아서 몇 mm까지 잡아냅니다. 수평기나 줄자를 굳이 갖다 대지 않아도 거의 정확합니다. 그런데 이것은 삼척동자도 알아챌 만큼 엉망이었습니다. 저는 다시 작업하도록 지적했습니다. 그런데 교회의 주인 되시는 집사님은 그걸 그냥 두라고 말합니다. 저는 고쳐야 한다고 했습니다. 그렇게 보기 싫도록 내버려둘 수는 없다고 했습니다. 그랬더니 그분이 그럽디다.

'전도사님은 어차피 갈 분인데 왜 그러십니까?'

여러분, 가는 분의 말은 똑바로 해도 삐쭌 말입니까? 여러분, 우리는 어차피 다 가는 겁니다. 조금 빨리 가느냐 늦게 가느냐 하는 차이만 있을 뿐입니다.

그래서 저는 그 교회를 짓는 동안 삽자루를 손에서 놓지 않았습니다. 이른 아침에도, 해가 떨어진 다음에도, 틈만 나면 예배당을 짓기 위해 정성을 기울였습니다. 그렇게 열심히 하면 나만 손해입니까? 아닙니다. 게으르면 나만 손해인 것입니다. 그걸 아셔야 합니다. 남을 위한 목회나, 누구를 위한 삶이 결코 아닌 것입니다. 첫 목회지, 첫 사랑을 대충 때울 수는 없었습니다.

그러다가 결국은 어려운 일이 생겼습니다. 지금 생각해 보면 그 일이 생긴 것은 어떤 의미에서는 저의 그러한 주인의식 때문이었는지도 모릅니다. 대충 때우는 식이었다면 아무 문제가 없었을지 모릅니다. 여러분, 그러니까 여러분도 이제부터 문제가 일어나지 않게 대충 살아가는 것이 좋겠습니까?

사랑하는 여러분, 문제를 야기하라는 말은 결코 아닙니다. 그러나 문제가 없는 것이 꼭 좋은 것은 아닙니다. 공동묘지에는 아무런 문제가 없습니다. 문제가 없다는 말은 어쩌면 죽었다는 말인지도 모릅니다. 아무 일도 하지 않으면 아무 문제도 없습니다. 그러나 그렇게 되면 아무런 발전도 없습니다. 그렇게 되면 아무런 축복도 없습니다.

저는 예정보다 1년을 앞당겨 그 교회를 떠나 군목으로 입대하게 되었습니다. 하나님은 그 짧은 기간에 저에게 많은 것을 체험케 하셨습니다. 젊은 날, 어떻게 생각하면 어린 시절, 우리 나이로 24세(만 23세)에 시작한 단독목회였으나, 하나님은 제게 많은 복을 주셨던 것입니다. 비록 예배당의 완공은 보지 못한 채 떠나야 했지만, 젊은 날에 인간적으로도 남들이 부러워하는 목회를 했습니다.

그리고 저는 은근히 하나님의 복을 기대했습니다. 그래서 기도했습니다. 하나님께서 첫 목회를 마친 저에게 선물을 주실 것 같은 예감이 생겼습니다. 그래서 그렇게 기도했던 것입니다.

'하나님, 제가 군종장교로 가도록 이미 6년 전에 확정되어 있었잖습니까? 그런데 이번에 입대하게 될 때 공군군목으로 가고 싶습니다.'

이상하게 공군군목에 대한 희망이 있었습니다. 공군군목 출신 중에 유명한 분들이 계셔서인지도 모르겠습니다. 미국 LA의 동양선교교회 임동선, 광림교회 김선도, 침례교회 장영출, 부산수영로교회 정필도, 목동 제자교회 정삼지, 은평교회 김영헌 목사님 등.

저는 그것을 위해 몇 차례 기도도 하고, 또 기대도 하고, 또 몇 사람에게 물어도 보았습니다. 그러나 그 해에 감리교에는 TO가 없다고 했고, 또 저는 1년 선배들과 함께 입대했으며, 그 중엔 우수한 사람들이 끼어 있었기 때문에 저에게까지 그 기회가 주어진다는 것은 불가능하다고 생각되었습니다.

알아보니 1978년 12월 현재, 육군 281개, 해군 11개, 공군 24개, 합 316개 교회였는데, 그 중 감리교 군목은 54명으로 6분의 1을 차지하고 있었으나, 육군 43명, 해군 6명, 공군 5명이었습니다. 그 해에 함께 입대한 군목은 모두 65명, 그리고 그 중 감리교 군목이 감신대와 목원대를 합쳐 15명입니다. 감신의 우리 동기생만도 네 명이었습니다.

이와 같이 인간적으로는 가능성이 매우 희박했습니다. 하지만 입대하기 불과 얼마 전에 감리교 군목후보생들에게 통지가 왔습니다. 육군으로 12명, 해군으로 1명, 공군이 2명이었습니다. 요즘은 본인의 희망에 따라 정해진다고 하지만, 그 당시는 국방부에서 임의로 선택하고 결정했던 것인데, 제가 공군으로 가게 되었다는 말입니다.

나중에 후배들이 물어요. 어떻게 공군이 됐냐고요. 어떻게 되었습니까? 저도 모릅니다. 다만 하나님이 그렇게 해주신 것이라고 봅니다. 3년 동안의 제 첫 목회에 대한 선물인 것 같았습니다. 적어도 땡질하지 않은 점에 대해 하나님께서 인정해주시는 기분이었습니다.

3. 첫 군목생활

임관을 하고는 당시 공군군목이 있는 곳 중에서 가장 악조건의 부대로 배치되었습니다. 외딴섬 백령도가 있기는 하였지만, 그곳은 1년 후에 가장 좋은 곳으로 보내준다는 보장이 있던 곳이어서, 우리 일곱 명의 동기생 중에 성결교의 미혼 목사가 본인은 부양가족이 없으니 가벼운 마음으로 가겠다고 자원했습니다. 그리고 그 외에는 상부에서 임의로 배정했는데, 제가 가장 나쁜 곳으로 가게 되었습니다.

언젠가도 얘기한 적이 있지만, 그 이유는 제가 그 일곱 명 중에 육군보병학교 훈련성적이 꼴찌였기 때문입니다. 소위 성적순으로 배치된 것입니다. 1등이 제일 편한 곳이라는 서산(망일산)으로 갔으니까요.

저의 첫 근무지는 1219m의 고지였습니다. 한여름에 부임했는데도 도서실과 보안부대 두 군데에는 난로를 피우고 있었습니다. 관사는 1시간 40분 거리에 위치하고 있었습니다. 털털거리는 탑차를 타고 형편없는 비포장도로를 온몸이 흔들리면서 출퇴근합니다. 하루에 한 번 출퇴근 차량이 있습니다. 서울에 가려면 야간열차를 타야 합니다. 그것도 그 시간에 한 번밖에 없기에 밤새 오고갑니다.

저는 거기에서 1년 동안 있을 거라는 사실을 미리 알고 있었습니다. 1년만 참으면 비행장(베이스)으로 내려간다고 다들 그랬습니다. 그러니까 1년만 꾹 참으면 되었습니다. 아니, 1년만 적당히 버티면 됩니다. 거꾸로 매달아 놓아도 국방부 시계는 돌아가니까요.

여러분, 지금 자랑하려고 하는 말이 아닙니다. 아니면 굳이 제가 자랑한다고 여겨주십시오. 저는 거기서 나름대로 열심히 했습니다. 아니, 적어도 땜질하는 거라고는 전혀 생각하지 않았습니다. 적당히 대충 하면 누구 손해입니까? 내가 지금 남의 인생을 살아주고 있는 것입니까?

물론 나라를 위해서 근무하는 것이고, 궁극적으로는 하나님을 위해서 일하는 것이지만, 그러나 그것은 곧 나 자신을 위하는 일입니다. 공부는 누구를 위해서 하는 것입니까? 물론 남 주려고 하는 것이라고도 하지요. 그래서 많은 사람에게 유익을 주고, 부모님을 기쁘게 해드리는 것이겠지만, 사실 따지고 보면 그게 다 자기 자신을 위한 일이 아니고 무엇입니까?

저는 그곳에서 할 일을 찾았습니다. 우선 낙후된 예배실을 할 수 있는 힘과 범위 내에서 최선을 다해 수리했습니다. 정말 열악한 환경이었습니다. 부대라고 해도 1개 대대 병력에 불과했습니다. 그나마도 교대(크루)근무로 인해 종교행사 등이 수월치 않았습니다. 그러나 그렇다고 지금 할 수 있는 일마저 안 할 이유는 없었습니다. 부대 내와 관사의 교회 두 예배처를 인도하는 것을 비롯해서 매월 월간지를 만들었습니다. 첫 목회지에서 만든 「믿음의 길」 중에 제1권의 해설책(하나님 아빠)을 거기서 만들었습니다.

직접 망치를 들고 방위병 하나를 데리고 수리했습니다. 망치질 톱질 페인트칠 등 거의 모든 것을 우리 둘이서 했습니다. 지금 생각하면 소꿉장난 같은 일이지만, 그 당시 상황에서는 그래도 애를 썼던 일입니다. 현 중위라는 제주도 출신 기독장교가 은혜를 받고 금식을 하더니 특별헌금을 해주었습니다. 기존 시설을 뜯어내어 새롭게 내부를 단장한 후 부대장과 참모들을 초청해 다과회를 가졌습니다. 그때 그들은 한결같이 말했습니다.

'목사님, 이 일은 이 부대의 역사에 길이 남을 겁니다.'

사실 길이 남을 일도 못되었고, 오랜 세월이 흐른 다음 다시 가보니 흔적도 없어지다시피 했지만, 하나님은 그 일을 기억해주셨으리라 믿습니다.

훗날 아내는 그때를 회상하면서 그런 말을 했습니다. 녹초가 되어 내려와 그대로 잠들어 버린 저를 보고 혼자 눈물을 훔쳤던 날도 있었다고 말입니다. 아침 7시에 출근하여 하루 종일 막일을 하고 해 떨어져 돌아온 저는 자기도 바빴던 모양입니다.

그리고 집에 와 눈에 띄는 것은 교회로 가져갔습니다. 심지어 결혼 때 아내에게 준 옷감도 내놓으라고 해서 가져다가 강단보로 삼았습니다. 결혼할 때 신부에게 옷을 해주지는 못하고 옷감만 끊어 선물로 주었는데, 결혼 후 해 입을 여력이 없어서 그냥 장롱에 보관해 두었던 것을 좀 쓰자고 하니까 선뜻 내놓지 않아요. 벨벳 종류의 옷감도 있었던 것으로 기억하는데, 예배드리는 강단 쪽 휘장으로 쓰겠다고 하니까, 거기에 잘 어울리지 않는다면서 안 내놓으려고 하잖아요.

제가 그걸 억지로 빼앗아다가 하지는 못했던 것 같습니다. 잘 기억이 나지 않는데, 다른 무엇으로 그 부분을 치장했던 것 같고, 어느 날 했던 설교문을 보니, 그 옷감은 우리 좋은교회를 개척하고 얼마 후 예배실 십자가 뒤의 휘장으로 사용한 것으로 기록되어 있어요.

여러분, 제가 좀 열심히 해서 손해 보았습니까? 제게 있는 것 좀 주님의 교회와 부대를 위해 썼다고 해서 손해 보았습니까? 아닙니다. 하나님은 보고 계십니다. 아니, 그렇게까지 못 깨닫겠다면 인간적으로 말해봅시다. 본부에 있는 군종감실에서 감지했습니다. 제가 그 산꼭대기에서 열심히 한다는 소문을 들었습니다. 그리고 지도방문 왔을 때 그걸 눈으로 직접 확인했습니다.

그래서 저는 다음해인 1982년, 나이 20대에 청주비행단으로 오게 되었습니다. 그 당시로는 공군에서 가장 중요하고도 큰 부대였습니다. 또 대다수 훈련병들로 이루어진 교육사령부를 제외하고는 가장 많은 교인과 최대의 예산을 보유하고 있었습니다.

어떻게 해서 그렇게 되었는지를 말하려면 한참 걸립니다. 그 긴 얘기를 한마디로 요약하면, 하나님의 은혜요 하나님의 역사였던 것입니다. 그런 연유로 해서 제가 이곳 청주에 지금도 있게 된 것입니다. 감사하지 않습니까?

4. 청주와의 인연

이렇게 군목으로 있게 되었지만 단기근무를 했으니 40개월 만에 전역하였습니다. 물론 장교의 봉급을 받았습니다. 게다가 영외자들도 많이 출석하는 부대교회를 담임하였기 때문에 교회에서 나오는 사례비도 있었습니다. 어차피 군대에 갔어야 할 대한민국 남아인 제가 이래저래 많은 혜택을 받았습니다.

그런데 이제 전역하려니 할 일 많은 군부대 선교를 눈에 보면서도 도망 나오는 것만 같아 죄스럽기 그지없었습니다. 그래서 마지막 즈음에 가서 하나의 결단을 내렸습니다.

'그 동안 국방의 의무도 다하면서 이렇게 좋은 자리에서 일을 한 것만도 큰 경험이 되었는데, 어찌 그 모든 혜택을 다 받아 챙겨서 나가겠나?' 싶었습니다. 초급장교가 공군에서 가장 큰 교회까지 담임했으니 이래저래 저는 군에 빚진 자였습니다.

그래서 궁리했습니다. 추후에 받게 될 장교 퇴직금을 미리 계산하였습니다. 그 돈은 금방 나오지 않습니다. 전역 후 두어 달이 지나고 수령하게 됩니다. 그 예상금액과 지금 받고 있는 몇 달 치 사례비를 보탰더니 제법 목돈이 되었습니다. 아직 제 손에는 없었습니다. 하지만 얼마쯤 된다는 것은 알았습니다. 그래서 제가 시무하고 있던 청주기지교회에 전자오르간을 구입하여 헌물하였습니다. 지금은 전자오르간이 흔하지만, 그 당시만 해도 공군부대교회 중에 오르간이 있는 곳은 아마 한 군데도 없지 않았나 싶습니다.

군에서 나올 때 빈손으로 나올 것을 각오했습니다. 그러나 조금도 걱정되지 않았습니다. 그 동안 제가 군대와 군 교회를 위해 수고했으니 그만큼 받는 것은 당연하다고 생각할 수 있습니다. 그거 안 내놓는다고 뭐라고 할 사람은 이 세상에 아무도 없습니다. 마땅히 제게 돌아올 분깃이었습니다. 하지만 지금 생각해도 잘했다 싶습니다. 지금 같아도 그런 생각을 했을까 싶습니다. 살다 보니 가끔 잘한 일도 있더라고요.

여러분, 제가 군대에서 나올 때 있는 거 다 바쳤으니까, 당장 손에 쥔 것도 없으면서 앞으로 생길 것까지 계산해서 드렸으니까, 그 정성 보시고 기뻐하실 만하지 않습니까? 그러나 여러분, 저는 결코 어떤 대가나 보상을 바라고 한 것이 아니었습니다. 정말로 그랬습니다. 그래서 잘했다는 겁니다. 젊은 나이에 기특했습니다. 그런 좋은 마음과 생각을 주신 분은 성령님이시라고 고백하고 싶습니다. 내 마음이라면 나도 돈 좀 쓰고 싶었을 것입니다.

여러분, 죄송한 이야기지만, 저는 그 일로 인해 훨씬 더 많이 받았습니다. 하나님이 사람들을 통해 주신 보상이 얼마나 컸는지 모릅니다. 당장 전역할 때, 교회 중직들이 의논도 없이 임의로 제 이름의 도장을 파고 제 개인통장을 만들어 많은 돈을 입금시켜 놓았습니다. 제가 그 일을 얼마나 완강하게 반대했는지 모릅니다. 그러나 그분들도 간절했습니다.

'목사님, 사회에 나가시면 당장 돈이 필요한데, 빈손으로 나가면 안 됩니다.'

그걸 거절하느라 무진 애를 썼습니다. 하지만 그분들의 마음을 생각하니 끝까지 거부만 할 수도 없는 노릇이었습니다. 그래서 나중에는 타협안을 받아들였습니다. 절반만 받기로 한 것입니다. 그래도 제가 국방부에서 받기로 되어 있는 퇴직금보다 많았습니다. 그리고 그 돈은 그 교회에서만 4년 근무하고, 군에서 13년을 근무하고 퇴직하던 제 전임 소령 7호봉 목사 퇴직금의 두 배나 되는 것이었습니다. 그뿐이 아닙니다. 저는 그 후에 최소한 10배 이상의 선물을 받았습니다. 정신적으로나 영적으로는 말할 나위가 없습니다.

다만 물질적 수치상으로만 계산해도 그렇다는 겁니다.

　한 마디로 이것입니다. 우리 좋은교회가 바로 그 선물로 개척되었다는 것을 아십니까? 그러고 보면, 그 일이 곧 우리 교회의 씨앗이 된 셈입니다. 군인교회의 두 가정이 각각 7백만 원씩을 댔습니다. 그 부대교회 여러 성도들이 적금을 부어준 것이 1천만 원에 이릅니다. 물론 제가 부목사로 있던 교회(청주제일)도 도움을 주었습니다. 하지만 그것보다는 군인교회를 통해 받은 선물이 훨씬 컸습니다. 그것도 제가 전역하자마자 개척한 것이 아니고 1년이 지난 후의 일이었습니다. 1985년 당시에 그만한 액수는 아주 큰돈이었습니다.

　우리보다 5개월 정도 앞서 개척한 같은 지방의 이웃 교회는 1,200여만 원을 들여 시작했는데, 창립예배 때 교역자들이 뒤에서 수군거렸습니다. '도대체 창립예배냐, 봉헌예배냐'라고 말할 정도였습니다. 그럴 때 우리는 3천만 원을 들여 개척할 수 있도록 허락하셨으니까요. 무이자로 뭉칫돈을 빌려준 이도 있었습니다. 창립기금으로 쓰고도 남아서 석곡동에 3백여 평의 땅을 샀던 적도 있습니다.

　제가 그들에게 준 것보다 그들에게서 받은 게 훨씬 많았고, 하나님께 드린 밀가루 한 줌(왕상 17:24)이 얼마나 많은 것으로 돌아왔는지 모릅니다.

　얼마 전(2007. 3. 25.) 바로 그 공군부대교회가 예배당을 신축하였습니다. 우리 교회가 3천만 원을 헌금하였습니다. 22년 전에 받은 것을 갚는 심정으로 했습니다. 수많은 군목 전임자들이 있지만, 제가 그 봉헌예배 때 설교를 하는 기쁨과 영광을 얻었습니다.

　지금에 와서 생각합니다. 만일 신학생 때 받은 장학금, 그때 내가 썼다면 기숙사비로 들어간 것 외에 더 큰 의미는 없었을 것입니다. 아르바이트하여 받은 돈으로 옷을 해 입었다면 벌써 다 해어져서 어디 갔는지도 모를 것입니다. 제대하면서 받은 퇴직금, 그때 내가 썼다 해도 그저 무슨 큰 열매가 있었겠습니까?

한 알의 밀알을 심지 아니하면 한 알 그대로 있을 따름입니다. 바람이 불면 날아가 어디 처박혀 그냥 썩어버릴 수도 있는 겁니다. 사람들의 발에 짓밟혀 으스러질 수도 있는 겁니다. 그때 만일 하나님께 바치지 않았더라면 어쩔 뻔했나 생각하니 가슴이 두근거립니다.

주는 것은, 드리는 것은, 바치는 것은, 도리어 우리에게 더 큰 열매를 얻게 하는 씨앗이 됨을 믿습니다. 선물은 하나님도 설득시킨다는 말이 있습니다. 적은 것이라도 주면 준 것만큼의 손실은 틀림없이 보충됩니다. 땅도 씨앗과 비료와 노력을 주어야 결실을 안겨줍니다. 그러나 먼저 받으려고만 한다면 주머니가 먼지를 줄 뿐입니다.

"주라. 그리하면 너희에게 줄 것이니, 곧 후히 되어 누르고 흔들어 넘치도록 하여 너희에게 안겨주리라. 너희의 헤아리는 그 헤아림으로 너희도 헤아림을 도로 받을 것이니라"(눅 6:38).

주의 이름으로 조금 바쳤더니 내게 손해났습니까? 아닙니다. 결코 아닙니다.

주님의 영광 위해 살았더니 손해났습니까? 아닙니다. 결코 아닙니다.

하나님께 꾸어드리는 일이 되며, 그 선행을 갚아주시리라는 말씀이 실감납니다(잠 19:17).

3년간의 첫 목회와 경북 일월산에서 1년, 청주부대에서 2년, 그리고 부목사 생활까지 계산하면 땜장이로서 7년을 지낸 셈이지만, 저는 그 땜질을 통해 얻은 바가 많습니다. 인생에는 연습기간이 없다는 것도 꼭 말하고 싶은 간증입니다. 우리는 지금 하나님이 주신 사명을 수행하는 중입니다. 어느 때까지는 연습으로 하다가 어느 순간부터는 실전인 것이 아닙니다.

군목은 연습이고 일반사회 목회는 실전입니까?

부목은 연습이고 담임목사는 실전인 것입니까?
상관은 실전이고 밑에 있는 사람은 연습 중입니까?
진학을 위해 공부하는 학생은 연습 중입니까?
사병의 훈련기간은 인생을 연습하는 시간입니까?
교인은 연습 중이고 목사만 실전 중입니까?
노동자는 연습 중이고 기업주만 실전 중입니까?

아닙니다. 모두가 실전입니다. 모두가 주인입니다. 손님이 아닙니다. 머슴이 아닙니다. 노예가 아닙니다.

더욱이 그 모든 사실을 하나님이 아십니다. 하나님이 인정해주시면 비록 사람이 보상해주지 않는다 해도 아무런 상관이 없습니다. 안 그렇습니까? 하나님이 아신다는데 무슨 다른 생각이 필요할까요? 당장 내게 주어지는 보상이 적다고 불평할 이유가 하나도 없습니다. 그 어느 순간 하나님께서 친히 갚으시면, 인간이 매월 적금 부어가면서 모은 것보다 몇 갑절 더 큰 것으로 받게 된다는 것을 믿으십시오.

나 주님을 사랑합니다
참 사랑의 주를 경배해
한맘으로 찬양하오니
우리들의 기도 들으소서 (♪ 618)

목회 30년맞이 회고 및 간증록

2010년 1월 26일

아내와의 결혼 이야기

중학교 2학년 한 소녀가, 친구들이 방언을 하고 은혜를 받자 부럽기도 하고 샘도 났습니다. 그래서 자기에게도 그런 은사를 주시기를 간절히 기도했습니다. 한 20~30분 기도했을까? 순수한 학생의 기도를 하나님이 들어주시어 혀가 돌아가면서 방언을 체험하였습니다. 얼마나 좋은지 그 기쁨을 감출 수가 없었습니다. 그래서 기도원 집회에도 다니고, 어른들의 철야기도회에도 참석하였습니다. 뿐만 아니라 항상 웃고 다녔어요. 괜히 웃는 것으로 사람들은 보았겠죠. 기쁨과 성령이 충만해서 그랬던 겁니다. 그러다 보니 별명이 '스마일'이라 붙었으며, 인상이 좋다는 평을 늘 들으면서 자라게 되었습니다.

또 이 여학생은 이때 주님의 기뻐하시는 사역을 하고 싶다고 기도했다고 합니다. 아프리카에 선교라도 가라면 가겠다는 마음이었습니다. 꼭 목회자의 아내가 되겠다는 뜻은 아니었다고 합니다만, 글쎄요.

그러나 시간이 흐르면서 그 결심의 순간을 잊고 살아갔습니다. 나이가 차서 막상 결혼할 때쯤 되어서는 이런저런 사람들과 선도 보고 그랬습니다. 물론 상대가 목회자인 적도 있지만, 그녀의 아버님은 저를 원하셨습니다.

한번은 그와 만날 일이 있었습니다. 그는 나에게 찾아와 이런 질문을 하였습니다.

'그때 그 서원, 지켜야 합니까?'

그때 뭐라고 대답했는지 생각이 나지 않습니다. 다만 성경에 이런 말씀이 있잖습니까?

"하나님께 맹세하여서 서원한 것은 미루지 말고 지켜라. 서원하고서 지키지 못할 바에는 차라리 서원하지 않는 것이 낫다. 제사장 앞에서 '내가 한 서원은 실수였습니다' 하고 말하지 마라. 왜 너는 네 말로 하나님을 진노하시게 하려 하느냐?"(전 5:4~6)

어릴 때 얼떨결에 하였던 서원이고, 또 그때의 정황도 확실하게 생각나지 않는다고 했습니다. 그래도 반드시 지켜야 하는지에 관해 물어왔습니다.

그런 일이 있은 지 몇 년이 지났습니다. 다시 저를 찾아왔습니다. 결론부터 이야기하겠습니다. 자기랑 결혼할 의향이 있냐고 했습니다. 즉답을 피하고 생각해 보자고 했지요.

그는 여러 사람들과 혼인 이야기도 있었고, 사귄 적도 있었으나, 결국은 목회자와 결혼을 해야겠다고 결심하고, 어차피 그럴 바에는 저랑 하고 싶었다고 합니다. 하나님은 다른 이들과의 관계는 끊어지게 하시고, 저에게 몰아 붙여주신 것 같았습니다. 붙여주시는데 붙어야지 어쩔 것입니까? 가족들과 영력 있는 주위 사람들의 기도의 협력으로 결혼하게 되었습니다.

제 아내가 셋째입니다. 셋째 딸은 선도 안 보고 데려간다잖아요?

본래는 셋째가 아니고 여섯째랍니다. 아내는 본래 5녀 3남 중에 4녀로 여섯째이고, 저는 5남 3녀 중에 4남으로 여섯째입니다. 5, 3, 4, 그리고 여섯째가 똑같아요. 천생연분이 아닙니까? 양가 아버지 나이가 같고(1921년생), 양가 어머니 나이가 같으며(1920년생), 우리 둘의 나이가 또 같고, 생일이 5일 차이입니다. 제가 음력 3월 13일이고 아내가 3월 18일, 양력으로는 4월 5일과 10일입니다. 까닥하면 제가 동생이 될 뻔했습니다. 잘못하면 누나라고 불러야 할 판이었습니다.

제가 자라난 집이 중동 319번지인데, 이 사람은 내동 309번지입니다.

어머니가 아버지보다 먼저 1982년 10월 어느 날 갑자기 집밖에서 소천하시더니, 장모님도 장인보다 먼저 1983년 10월 꼭 1년 후의 어느 날 갑자기 역시 집밖에서(교회) 하나님의 부르심을 받았습니다.

첫째가 딸, 둘째도 딸, 그리고 한참 떨어져서 제 아내가 또 딸입니다. 두 딸을 낳고 그 중간에 아들 둘과 딸 하나가 있었는데 죽었다고 해요. 그러니 이젠 딸이고 아들이고 간에, 낳아서 죽지만 않고 잘 자라만 주면 감사한 상황에, 저희 집사람이 생겨서 잘 자라주니 그렇게 예쁠 수가 없는 겁니다. 그래서 집안에서 귀여움을 독차지하면서 자랐대요. 장인은 이 딸을 상딸이라고 얼마나 위했는지 몰라요.

심지어 이름을 뭐라고 지었는가 하면, 뭡니까? 이용숙 – 이름이 과히 예쁘지는 않아요. 옆 동네 교회 풍금 반주자(고모의 친구)가 이름이 '용숙'이었대요. 그런데 장인어른이 보실 때 그가 그렇게 예뻤다네요.

부부끼리 의좋게 살아가려면 서로 존경하고 인정하는 부분이 꼭 있어야 한다고 합니다. 그래서 나름대로 그 무엇이든 실력이 있어야 하고, 또 발전해 나가야 한다는 것입니다. 그런데 생각해 봅니다.
'나는 내 아내의 무엇을 인정하고 존경할까?'
제가 살아오면서 딱 한 가지 인정하는 것이 있습니다. 요즘은 그것도 많이 사라졌지만, 저보다 사람 이름 외우는 실력이 있다는 것입니다.
결혼한 지 얼마 되지 않아서의 일입니다. 제가 잠시 낮잠을 잔 적이 있습니다. 그러니까 첫 번째 목회지에서의 일입니다. 그런데 자고 일어나니까 그동안 애를 업고 다니면서 마태복음서 1장을 외웠대요. 뭐 얼마 만에 했다나? 한두 시간 만에 그걸 다 외워서는 제가 깨어나니까 해보는 것입니다. 잘하더란 말이에요. 우리나라 사람의 이름이 아닌지라 발음도 잘 되지 않는데, 그래서 그 이름들을 틀리지 않게 읽는 것도 쉽지 않잖아요.

당시 우리는 목양교회 배상길 목사님의 간증을 듣고 많은 은혜를 받았는데, 그분이 학생 때 성경 암송대회에서 이 마태복음서 1장의 족보 부분도 외웠더니, 나중에 신학교 가서 구약을 공부할 때 그 예수 그리스도의 족보가 결국은 구약의 역사를 꿰뚫게 하더라고 했습니다. 목사님의 그 이야기를 들었기 때문에 자기도 한번 해본 것이 아닌가 생각합니다.

제가 뭘 외우는 것을 아주 못해요. 못하는 것이 많지만, 그 중 빼놓을 수 없는 것이 바로 이것입니다. 그래서 학생 때 역사과목에 아주 취약했습니다. 이름이나 연도를 외우지 못했던 것입니다. 기껏 외우고 뒤돌아서면 까먹어요. 목회자로서 아주 큰 결격사항이지요. 사람을 알아보고 교우들의 이름을 아는 것만큼 중요한 일이 어디 있습니까? 제가 심방을 열심히 하지 않았던 이유 중에 하나가 그런 점에서 자신이 없었기 때문입니다. 알아보지 못하고 이름을 몰라 실수할까 싶어서였어요.

그 대신 아내는 확실히 평균치를 웃돌아요. 교인들의 이름을 한 번 들으면 잊어버리지 않아요. 좀 과장해서 말하면 그 집의 강아지 새끼까지 알아요. 그 점에서 아내를 존경(?)하지 않을 수 없었습니다. 중년에 부인병 수술을 한 이후 그 기억력이 떨어지긴 했지만, 그래도 실력은 여전히 남아 있었어요. 아마 그 점에서 특별히 저에게 필요한 사람이었던 것 같습니다. 하나님께서 같이 살도록 하신 이유 말이지요.

이런 이야기를 이제 와서 하는 것은 상당히 낯간지러운 일이지만, 목회에서 (제가 못하는) 그 부분만큼은 넉넉히 아내가 채워주었다고 말할 수 있습니다. 사람들이 저를 볼 때 가까이하기 힘든 사람으로 여기는 경향이 있습니다. 차가운 인상을 주나 봐요. 여러 가지 이유가 있겠으나 제가 좀 의모가 풍성하지 못한 것도 이유 중 하나일 겁니다. 그 대신 풍성한 외모를 지닌 아내는 성도들에게 푸근한 이미지를 주나 봐요. 하나님께서 저의 부족한 점을 채워주신 것이 아닌가 싶습니다.

1979년 10월 28일 주일

삼다의 신앙
하나님이 동업하시는 성도

마가복음 11:12~14, 20~25

    베다니를 떠나 나가시는 길에 예수께서는 시장함을 느끼셨습니다. 멀리서 잎이 무성한 무화과나무를 보시고 혹시 그 나무에 열매가 있나 하여 가까이 가 보셨으나 잎사귀밖에는 아무것도 없었습니다. 예수께서 그 나무를 향하여
    "이제부터는 영원히 네게서 열매를 따먹을 사람이 없을 것이다"
하고 말씀하셨습니다. 예수님의 제자들은 이 말씀을 들었습니다.
    다음날 이른 아침에 제자들이 지나가다가 그 무화과나무가 뿌리째 마른 것을 보았습니다. 그래서 베드로가 지나간 일을 생각하며 말했습니다 :
    "보십시오, 선생님. 저주하신 저 무화과나무가 말라 버렸습니다."
    예수께서는 그들에게 말씀하셨습니다 :
    "하나님을 믿어라. 내가 진정으로 너희에게 말한다. 누구든지 이 산더러 옮겨 바다에 빠지라고 말하고 마음에 의심하지 않고 말한 대로 될 것을 믿으면 그대로 이루어질 것이다. 그러므로 내가 너희에게 말한다. 너희가 서서 기도할 때에 어떤 사람과 서로 등진 일이 생각나거든 그를 용서하라. 그리하여야 하늘에 계신 너희 아버지께서도 너희의 잘못을 사해 주실 것이다."

    지금 읽은 본문, 이 말라 버린 무화과나무의 교훈에서 우리는 '성도가 무슨 일을 해 나갈 때 어떻게 해야 하는가'를 발견할 수 있습니다. 세 단계가

요청되는데, 그것을 저는 '삼다의 신앙' 이라고 불러 보고자 합니다.

1. 우선 그 첫째는 '좋다' 의 단계입니다(GOOD)

성도가 하려고 하는 일은 무엇이든지 '좋다' 에 합격해야 합니다. 즉 그 일이 하나님의 뜻에 부합되는 것인지 생각해 보아야 한다는 말입니다. 하나님은 당신의 뜻에 맞으실 때 매우 기뻐하시며 '좋다, 좋다' 고 표현하십니다. 천지를 창조하시면서 그 날에 만드신 것을 볼 때마다 좋아하셨고(창 1:4~25), 마지막 날에는 만물을 바라보시면서 '참 좋다' 고 하셨습니다(1:31). 하나님은 인격적인 분이시므로 좋은 것을 보시고는 좋다고 꼭 말씀하십니다. 그래서 우리는 하나님이 좋아하시는 일이 무엇인지를 알 수 있고, 따라서 그것을 찾아 열심히 하는 것이 믿는 자들이 모든 일에 형통하는 지름길임도 알게 됩니다.

본문에서 왜 25절의 말씀을 부언하셨을까요? 언뜻 보면 24절까지의 무화과나무에 대한 교훈과 아무런 관련이 없어 보이는 듯하지만, 좀 더 깊이 생각해 봅시다.

"서서 기도할 때에 아무에게나 혐의가 있거든 용서하라. 그리하여야 하늘에 계신 너희 아버지도 너희 허물을 사하여 주시리라"
는 말씀, 이 말씀은 곧 이웃에게 덕을 끼치는 일, 하나님이 허락하시는 일을 해야 함을 의미하는 것이기에, 이웃과 하나님께 조금이라도 걸림이 된다면 산이 바다에 던져지는 것 같은, 하나님이 함께 역사하시는 기적은 일어날 수 없음을 알려주시는 말씀임을 알게 됩니다. 그러므로 하나님께 영광이 되는 일, 모든 사람에게 확실히 유익이 되는 일(고전 10:31~33)을 해야 합니다. 그것이 하나님께서 '좋다' 라고 선언하시는 일입니다. 사업을 하든, 직장생활을 하든, 공부를 하든, 집안일이든, 집밖의 일이든, 큰 일이든 조그만 일이든, 언제든지 무엇이든지, 사람과 하나님께 용납되는 일을 해야 합니다.

시작하는 사람은 위대한 사람입니다.

그러나 무슨 일이든 간에 시작만 한다고 해서 위대한 사람이 되는 것은 아닙니다. 위대한 일을 시작하는 사람만이 위대한 사람입니다.

수직적으로 종교성이 있고, 공간적으로 공익성이 있어야 합니다.

가령 술집을 경영한다고 하면 그것은 하나님께 영광된 일은 되지 못할 뿐더러 사람들에게도 큰 유익을 주지 못할 것입니다. 그러므로 지금 우리가 계획하고 또 하는 일이 하나님께서 '좋다' 라고 승인하신 일인지의 여부를 명백히 밝혀야 합니다.

요즈음 젊은 세대는 과정보다 결과를 중시하는 풍조에 젖어 있습니다. 과정을 경시하며 모든 일을 처리해 나가는 편법적(便法的) 사고방식을 소유했다고 합니다. 그래서 '백지장도 맞들면 가볍다' 는 것을 '백지장은 맞들면 찢어진다' 고 하고, '아는 길도 물어 가라' 는 것은 '아는 것을 물어 가면 뺨을 맞는다' 고 하며, '돌다리도 두들기고 건너라' 는 것은 '돌다리를 두들기면 손만 아프다' 고 생각합니다. 결과만 좋으면 되지 그 방법이야 관계없다는 식이고, 명분만 내세우면 무슨 짓도 합리화된다는 식입니다. 그러나 신앙적인 자세는 결과만이 좋으면 되는 것이 아닙니다. 과정도 목적도 다 좋아야 합니다. 그래야 하나님이 함께하여 동업해주시고 역사해주십니다.

히브리 사람은, 하나님께서는 명사에서보다 부사에서 더 기뻐하신다는 격언을 말합니다. 즉 행하는 것이 얼마나 많은지가 중요하지 않고, 그 일이 어떤 방법으로 행해졌느냐가 하나님의 관심사라는 말입니다. 문제는 많이 했느냐가 아니요, 얼마나 잘했느냐 하는 것입니다. 어떻게 했느냐는 것입니다. 명사적으로나 동사적으로뿐 아니라 부사적으로도 하나님을 섬겨야 합니다(Ralph Venning).

슈바이처(Albert Schweitzer)는 하나님이 좋아하시는 일을 하여 산을 바다로 옮긴 사람입니다. 귄즈바하라는 곳에서 목사님의 가정에 태어난 그는 행복한 어린 시절을 지냈습니다. 한번은 동네 친구들과 싸움을 해서 친구 하나를 때려눕혔는데, 그 친구가

'나도 너처럼 고기를 먹고 자라면 싸움에 이길 수 있다'
고 말했습니다. 이 짧은 말 한 마디가 커다란 충격을 주었고, 그때부터 그는 가난하고 약한 사람들에게 관심을 갖기 시작했습니다.

또 어느 날 말을 타고 가던 길에, 그 말이 느릿느릿 걸어가기에 채찍을 내리쳤는데, 그래도 빨리 갈 생각을 하지 않기에 자세히 살펴보니, 이미 너무 늙어서 아무리 때려도 뛸 수가 없는 말이었던 것입니다. 이 사실을 안 슈바이처의 마음에 '생명의 외경'(reverence for life)이라는 위대한 사상이 싹트게 되었습니다. 위대한 목사님이요, 신학자, 철학자, 의사, 파이프오르간 연주자였던 그는, 모든 것(인기, 존경, 부유한 생활)을 뒤로하고, 하나님께서 좋다는 일에 전념하기 위해 아프리카 밀림 속에서 사랑을 실천하며 90 평생을 바쳤습니다.

그가 아프리카로 가고자 했을 때 세 가지 희생을 각오해야 했습니다. 먼저 오르간 연주, 즉 예술을 포기하는 것이고, 또 하나는 교수 활동을 중지하는 것이며, 다른 하나는 부유한 생활을 희생하는 것이었습니다. 예상한 대로 아프리카에 가서는 오랫동안 고생도 했습니다.

그러나 마치 아브라함이 아들을 바치기 위해 모리아 산에 올라갔을 때, 하나님이 뜻밖에 살진 양을 준비했다가 주신 것같이, 그에게도 더 좋은 것을 준비했다 주셨습니다. 파리 바하음악연구소가 열대지방에서도 잘 견딜 수 있는 파이프오르간을 만들어 기증함으로, 포기했던 오르간 연주를 계속 할 수 있었고, 유럽 여러 대학에서 그에게 특별강의를 부탁하여, 중지했던 교단에도 계속 설 수 있었습니다. 생활면에서도 강의, 연주, 그리고 원고료까지 합하면 오히려 유럽에서의 생활보다 더욱 풍족하게 살 수 있었다고 그는 자신

의 저서 「나의 생활과 사상」에서 감격스러운 어조로 고백하고 있습니다.

'좋다'의 단계를 거쳤기에 하나님과 사람과 동물에게까지 유익을 끼치는 일을 했던 슈바이처는 하나님의 사랑과 보상을 받았고, 사람들에게 아프리카의 태양이요, 20세기의 성자로 존경을 받는(눅 2:52) 귀한 하나님의 일꾼이 된 것입니다.

우리도 하나님이 좋다는 것을 하면 하나님은 꼭 함께 일하십니다.

하나님이 함께 일하시면 승리할 수 있습니다.

2. 두 번째로는 '된다'의 단계가 요청됩니다(OBEDIENCE)

하나님이 원하시는 일, 곧 '좋다'의 과정을 통과한 일이라면 그 일은 분명히 될 줄 믿는 것입니다. 하나님께서 좋아하시는 일인데 도와주시지 않을 리 없습니다. 그러므로 됩니다. 사람으로서는 할 수 없지만 하나님은 그렇지 아니하니 하나님으로서는 다 하실 수 있기 때문입니다(막 10:27).

본문 23절의 말씀과 같이 이룰 줄 믿고 마음에 의심치 아니하면 그대로 됩니다. 예수님께서

"'할 수 있으면' 이 무슨 말이냐? 믿는 사람은 모든 것을 할 수 있다"

고 말씀하십니다(막 9:23). 내게 능력 주시는 예수 그리스도 안에서는 모든 것을 할 수 있습니다(빌 4:13).

'산아, 들리어 바다에 던지어져라'

고 외쳐도 그대로 된다고 했습니다. 하나님이 '된다'고 한 것을 사람이 '안 된다'고 말하지 맙시다. 하나님께서 원하시는 일만 했다면 안 되는 일이 없습니다. 안 되는 것은 하나님이 좋다고 승인하지 않은 것이어서, 하나님께 영광된 것이 아니고 인간에게 유익한 일이 되지 못하기 때문일 뿐입니다.

하나님은 언제나 성공적인 생각을 하십니다. 하나님은 한 번도 실패하신 적이 없습니다. 그러므로 그가 창조하신 인간도 성공적인 인생을 살기를 원

하십니다. 그렇다면 인간 삶의 성공과 실패는 어디에서 오는 것일까요? 그것은 우리가 하나님의 생각에 어떻게 반응하느냐에 달려 있습니다.

어떤 사람은 하나님의 생각에 곧장 '예' 함으로써 성공하고, 어떤 사람은 '아니오' 함으로써 실패하게 됩니다.

가나안 땅에 정탐하러 들어갔던 열두 명을 생각해 봅시다. 지파 대표인 족장들 중 열 명은, 히브리 민족이 가나안에 들어가는 것은 너무나 불가능한 일이라면서, 전봇대에 앉은 매미 격으로 자신들을 메뚜기에 비유하는 절망을 백성에게 전달하였습니다. 그러나 여호수아와 갈렙은 믿음으로 희망을 외칩니다.

"올라갑시다. 올라가서 그 땅을 점령합시다. 우리는 반드시 그 땅을 점령할 수 있습니다"(민 13:30).

"우리가 탐지하려고 두루 다녀 본 그 땅은 매우 좋은 땅입니다. 주께서 우리를 사랑하신다면(우리가 여호와의 마음에 들기만 하면/개역), 그 땅으로 우리를 인도하실 것입니다. 젖과 꿀이 흐르는 그 땅을 우리에게 주실 것입니다. 다만 여러분은 주를 거역하지만 마십시오. 여러분은 그 땅 백성을 두려워하지 마십시오. 그들은 우리의 밥입니다. 그들의 방어력은 사라졌습니다. 주께서 우리와 함께 계시니, 그들을 두려워하지 마십시오"(민 14:7~9).

결국 된다고 믿었던 자들은 축복의 땅, 약속의 땅인 가나안에 들어갔고, 안 된다고 생각했던 자들은 모두 광야에서 죽었습니다.

또 예수께서 물고기 두 마리와 보리떡 다섯 개로 오천여 명을 먹게 하신 사건을 생각해 봅시다. 먼저 주님은 믿음을 테스트하기 위해 빌립을 불러 무리에게 먹을 것을 주라고 하셨습니다. 그때 빌립은 '안 됩니다'라고 말하면서 세 가지 안 되는 조건을 내세웁니다.

첫째로, 이 모든 사람에게 조금씩 준다 해도 이백 데나리온은 족히 있어야 하는데 돈이 없다는 것입니다(요 6:7). 언제나 뭐 하자고 하면 돈타령이 제일 먼저더라고요.

둘째로는, 이미 늦어서 어두워지고 있다는 겁니다(It is already very late and this is a lonely place). 두 번째가 언제나 시간이 없다는 타령이지요. 또 외딴곳입니다(마 14:15). 여기는 베들레헴의 빵집이 아니고 광야입니다.

또 다른 한 가지는, 이렇게 많은 사람을 먹일 음식을 사올 곳이 없다고 합니다(눅 9:13). 어디서 그렇게 많은 음식을 갑자기 살 수 있습니까?

주님은 안 된다는 사람과 함께하시지 않습니다.

이번에는 안드레에게 말씀했습니다. 그는 된다는 믿음으로 '예' 라고 대답하고서(고후 1:18, 20), 어떻게 그 일을 할까 그 방법을 연구하였습니다. 마침 한 소년이 가지고 있는 오병이어를 주님에게 갖다 드리도록 했습니다. 그때 주님의 능력이 나타났습니다.

안 되는 조건을 내세우지 맙시다. 무의식적으로라도 안 된다는 생각을 하지 맙시다. 기도한 후 안 될 예감이 든다고 말하지 맙시다. 기도한 후 안 되는 것을 보고

'내가 안 될 줄 알았지'

라고 말하는 사람도 있습니다. '나에게는 불리한 조건이 있다' 는 잠재의식을 거부하십시오. 의심이 생길 때 믿음으로 '된다' 고 자꾸 시인합시다. 믿음이란 성공의 보장 없이도 실행에 옮기는 결단을 내리는 것입니다. 그리고 성공하기 전에 성공을 말하고, 승리하기 전에 승리를 자신 있게 단언하고 주장하는 것입니다. 우리가 우리의 성공을 기대하지 않는데 하나님께서 성공하게 해주실 리 없습니다. 인간사회에서도 된다는 사람과 동업하는 법입니다.

'우리 회사가 매우 잘 되어갑니다. 제품을 만들기만 하면 얼마든지 팔 수 있는 좋은 조건을 갖고 있는데 돈이 필요합니다. 꼭 성공할 수 있습니다'

라고 말하는 사람에게 투자합니다. 그러나

'우리 회사는 이러저러한 불리한 조건 때문에 안 될 것입니다. 그런데 당신과는 함께 일하고 싶은데 하지 않겠습니까?'
라고 말하는 사람과 누가 동업을 하겠습니까? 마찬가지로 하나님도 된다는 사람과 동업합니다. 크리스천인 우리는 믿음의 눈으로, 되는 요소를 찾읍시다. 그리고 그것을 열거하면서 '된다' 고 외칩시다.

저는 설교를 할 때마다 한두 사람이라도 졸고 있는 것이 보이면 강단 종을 치든가 아니면 다른 어떤 사인을 통해서라도 꼭 깨우곤 했습니다. 그런데 그러다 보니 설교의 리듬도 깨지고 은근히 화도 나고 예배 분위기도 흐트러지는 듯했습니다. 그러던 중에 마음 깊은 곳에 울려오는 한 음성을 들었습니다.
'그 수많은 사람들 중에 졸고 있는 한두 사람을 보지 말고, 열심히 말씀 듣는 더 많은 성도를 바라보고 설교하라.'
가정에서 남편이 식사 도중 돌을 깨물었을 때 아내는 미안해하면서도 한편으로는 '그럴 수도 있는 거지, 뭐' 하면서 대수롭지 않게 생각하려는 경향이 있습니다. 그러나 연거푸 두세 번 씹게 되면 남편은 화가 나기 마련입니다. 그렇지만 그때 남편들은 '그래도 밥알이 더 많아' 라고 말해 보십시오. 그러면 분위기도 한결 사랑스러워질 뿐 아니라, 아내도 다음부터 식사준비에 정성을 더하게 될 것입니다.

여러분이 하고 있는 일이 하나님의 허락을 받은 일입니까?
그러면, 됩니다.
되는 조건들만을 바라봅시다.
본문 22절 말씀처럼 '하나님을' 믿읍시다.
그 하나님은 하실 수 있는 분입니다. 그러므로 우리도 할 수 있습니다.
하늘을 바라보며 고개를 넘읍시다.

3. 삼다 신앙의 세 번째는 '한다' 의 단계입니다(DO)

그래서 이 세 단어의 첫자만을 따면 GOD입니다.

좋은 일이면 되는 일이고, 되는 일이면 하는 일입니다. 좋은 일이고 되는 일이니 하여야 합니다. 예수님은 24절에서
"너희가 기도하면서 구하는 것은 무엇이든지, 이미 그것을 받은 줄로 믿어라. 그리하면 너희에게 그대로 이루어질 것이다"
라고 하였습니다.

요즈음 우리는 '비상계엄' 이라든지 '긴급조치' 라는 단어에 익숙해 있습니다. 신앙에도 '긴급조치의 응답' 혹은 '비상계엄 하의 응답' 이 있습니다. 입으로 고백하며 받은 줄로 믿고 행하기 시작하면, 하나님은 우리에게 부도 내기 미안해서라도, 하나님의 입장이 난처해지지 않기 위해서라도 순서절차 없이 속히 이루어 주십니다. 그래서 우리 교회는 다음 주일에 미완성된 새 교회에 믿음으로 무조건 입당하려고 하는 것입니다.

TV에서 '미래는 다가오는 것이 아니고 만들어 가는 것' 이라는 선전을 본 적이 있습니다. 다가오는 미래에 운명론적으로 나의 삶을 내어 맡기는 것이 아니라, 믿음으로 미래를 개척하고 그리스도 안에서 창조해 나가는 것이 신앙인의 태도입니다. 주님은 그러한 자세를 가진 성도와 동업하기를 기뻐하십니다. 시작이 반이라고 했듯이 우선 믿음으로 일을 시작합시다.

대부분의 사람들은 꿈을 꾸면서도 구실을 붙입니다. 아직 기회가 오지 않았다는 구실입니다. 자신에게는 꿈을 실현할 능력이 없다는 구실입니다. 이러한 소극적인 자세 때문에 결국 그는 실패의 길을 걸어가게 되는 것입니다. 실패의 원인은 꿈을 실현시키지 못하는 나약한 실천력입니다.

'무슨 일이든지 나에게 다가오는 것을 하기 시작합시다. 그러면 그것을

이루는 데 필요한 모든 권능을 가지게 될 것입니다'(R. W. Emerson).

신앙의 역사는 모두 시작했던 일입니다. 시작했다가 실패한 것도 있지만 시작도 하지 않고 성공한 일은 하나도 없습니다. 거북이도 먼저 목을 내놓지 않고는 앞으로 나아갈 수가 없습니다.

오병이어를 받으신 예수님은 축사를 하시고 즉시 그것을 나누어 주셨습니다. 기도를 마치시고는 그 떡이 풍성하게 불어나기를 기다리신 것이 아닙니다. 즉시 나누어 주셨습니다.

대부분의 사람들은 하나님의 일을 계획한 뒤에 그 사업이 번창하기를 기다리고 있습니다. 합리적인 계산만을 하는 것입니다. 그러나 그러한 시기는 오지 않습니다. 비록 지금 가진 것이 적을지라도 모험적인 신앙으로 즉시 실천에 옮길 때 기적이 나타나는 것입니다.

'네 손에 든 것이 무엇이냐?'

'작대기 하나뿐입니다.'

'그것을 던져라. 네가 가지고 있는 것이 무엇이든 그것을 가지고 시작하여라. 비록 생명 없는 지팡이지만 살아 역사하는 놀라운 것을 보게 될 것이다.'

수차를 회전시키는 물은 넘치게 흘러가는 강물이 아닙니다. 수로를 거쳐 별도로 흘러 내려오는 물줄기 하나가 수차의 페달을 적중하여 내려칠 때 동력을 창조하는 것입니다.

오늘 아침 뉴스에서 청평 양수발전소에 관해 보도한 것을 여러분도 알고 계실 것입니다. 화천 춘천 의암 청평 팔당 5개 발전소의 발전용량을 합한 37만 4백kw보다도 많은 40만kw의 용량을 이 발전소는 갖고 있다고 합니다. 그 큰 위력을 과시할 수 있는 힘의 근거는 무엇입니까? 그것은 기존 발전소의 물을 끌어올려 산정저수지를 만들고, 그곳에서부터 낙차를 472m나 되도록 건설했다는 점입니다. 마찬가지로 성도들도 믿음이라는 수로를 거쳐 용감하게 행동으로 옮기는 낙차가 있을 때, 산이 바다에 옮겨지는 역사가 일어날 것입니다.

모세가 히브리 민족을 이끌고 애굽을 탈출할 때는 홍해가 갈라진 후에 건넜습니다. 그러나 여호수아의 때에는 요단 물이 갈라진 후에 건넌 것이 아니라, 보통 때보다 물이 많아졌음에도 그 물에 그저 들어섰습니다. 다시 말하면 물이 갈라져 육지처럼 된 후에 걸어간 것이 아니라, 들어서면 갈라질 것을 믿고 앞으로 나아간 것입니다.

오늘은 종교개혁 462주년 기념주일입니다.
1517년 10월 31일 정오, 루터(Martin Luther)는 '속죄권의 효력을 밝히기 위한 토론'이라는 제목으로 쓴 95개조 반박문을 위텐베르크 궁정교회 정문에 붙였던 것입니다. 1521년 1월 로마교회는 정식으로 루터의 파문을 선언했으나, 그는 그 일이 하나님이 '좋아하시는 일'임을 확신하고, 하나님이 자신과 함께하시면 '될 것'을 믿고, 용기 있게 과감히 '하였습니다'.

같은 해 3월 보름스회의에 참석하라는 황제 찰스 5세의 명령을 받았고, 4월 17일에는 황제와 국회 앞에서 그의 앞에 쌓아 놓은 저서의 내용을 취소하겠느냐는 질문을 받았습니다. 루터는 24시간 동안의 여유를 달라고 말하고는 다음날 황제와 국회 앞에서 자신의 생각을 밝혔습니다.

'나는 아무것도 철회하거나 취소할 수 없습니다. 왜냐하면 양심에 어긋나는 일을 하는 것은, 우리에게 안전하지 않을 뿐만 아니라 우리에게 허용되어 있지도 않기 때문입니다. 나는 여기에 서 있습니다. 나는 달리 어찌할 도리가 없습니다. 하나님이여, 나를 도우소서. 아멘!'

스스로 돌아보아 그르지 않다면 천만인이 상대라도 가라!(孟子)

예수님은 병자들을 고치실 때마다 '네 믿음이 너를 고쳤다'고 하셨는데,

만일 '내가 너를 고쳤다'고 말씀하셨다면 세상에서 고침 받지 못한 수많은 사람들은 예수님이 사랑하시지 않기 때문에, 예수님이 능력이 없으시기 때문에, 또 예수님의 자비심이 모자라기 때문에 고치지 않았다는 마귀의 조롱을 받았을 것입니다. 주님은 이 말씀을 통하여 항상 우리를 고치시기를 원하는 하나님이라는 것을 나타내신 것입니다.

또 '네 믿음대로 되라'고 하신 것도, 주님은 항상 우리의 일을 도우시려는 분인데, 문제는 우리가 믿음을 갖고 있는지 그렇지 않은지에 달려 있음을 말씀하신 것입니다.

그러므로 일의 성불성(成不成)을 묻지 말고
일의 순불순(順不順)을 생각해야 하며,
할 수 있는지 능불능(能不能)을 묻지 말고
내가 믿는지 신불신(信不信)을 물어야 합니다.

이제 우리는 삼다의 신앙(좋다, 된다, 한다)을 가집시다.

이러한 신앙을 소유한 성도를 찾으시는 하나님은 그와 함께 일하실 것이 분명합니다. 하나님과 동업하면 만사가 형통하게 될 줄로 믿습니다. 우리 교회가 목표로 삼고 있는 세 가지(성전을 건축하고, 선교 활동을 하며, 가정마다 인가귀도되는 축복)와 온 성도가 하고 있는 일에 주님이 동업하셔서 산이 바다에 옮겨지는 역사가 일어나기를 기원합니다.

산이 앞을 가로막는다 해도
나는 단념하지 않으리라.
나는 산을 오르리라.
아니면 산에 터널을 뚫어 통과하리라.
아니면 하나님의 도움을 받아
그대로 산을 변화시켜 금광으로 만들리라. (로버트 슐러)

그 후 이야기

    그 다음 주일, 우리는 사실 무리하게 입당하였습니다(1979. 11. 4.).
    그 주일의 설교는 여호수아가 요단 강을 건너는 본문(수 3:1~17)이었습니다 ('앞으로 나아갑시다').
    '좋기는 좋지만…' 이라는 말들에 대하여, '좋은 일이면 하나님의 명령이고, 해야 하는 일이다. 이에 순종하자' 고 역설했지요. 우리가 입당하던 그 주일에 광림교회가 봉헌을 하였습니다.
    '우리에게도 하나님이 함께하신다!'
    개척한 지 2년 된 교회에 부임하여 3년이 돼 가는 때, 2층의 16평짜리 복도까지 합쳐서 22평의 예배실에 100명이 들어가니 좁기도 좁으려니와, 건물의 외형이 아름답기는 하지만 개인주택 형태이고, 담까지 치고 나니 교회 이미지가 나지를 않아, 채 완성된 것은 아니지만 그래도 짓고 있는 교회 건물로 이사하는 것이 여러모로 좋으리라 판단하여 이사를 강행했어요.
    100만 원으로 시작한 200여 평의 새 예배당(건물면적 74평, 지하와 1, 2층, 그리고 준2층) 신축공사는 골조까지 끝내고는 중단하고 있었습니다. 우선 지하실 35평을 쓰기로 마음을 먹었습니다. 벽도 없고, 창문도 없었습니다. 시멘트 블록을 4백장 들여와서는 쌓을 노임이 없으니 한 장 한 장 모르타르도 없이 쌓아서 임시 벽을 만들고, 종이로 몇 겹을 발라서 창문과 임시 출입문을 만들고, 바닥은 모래를 어느 정도 깐 다음, 비닐 장판 8만 원어치를 사다가 그 위에 깔았습니다.

    교인 중 일부는 그걸 보면서 안 되는 조건을 내세웠습니다 :
    '예배실이 당장 없는 것도 아닌데 별나게 구네.
    이제 11월이라 추워지는데 어쩌려고?
    도난의 위험도 있지 않은가?

조금만 더 참으면 되는 걸 너무 조급해하는 거 아닌가?

교인들의 마음이 불안해지면 어쩌지?

비가 오면 물이 스며들고 들이칠 텐데….

업자의 마음에 부담을 주는 것도 좋은 일은 아닌데….

전기시설도 전혀 안 돼 있는데 어떻게 하려고 그러시는 거지?'

하여간 안 되는 조건을 내세우는데, 연구도 참 많이 해 가면서 불평하더라고요. 그러나 요단 물에 들어서자고 했습니다. 요단 강의 물이 넘실거리더라도 앞으로 나아가면 역사가 일어날 것이라고 했습니다.

추우면 막고 불을 피우면 되고

도난의 위험은 지키면 되고

금방 들어갈 거라면 먼저 짐을 옮겨놓으니 더 좋고

마음이 불안하면 더 기도하게 되어 좋고

비 뿌리면 막고 도랑 치면 되고

업자의 기분보다는 하나님을 기쁘시게 하는 일이 더 중요하고….

그 후 우리는 믿은 대로 되었습니다. 중단되었던 공사가 재개된 것입니다. 생각지 않게 시멘트 300포가 생겼고, 곧바로 1, 2층 벽을 쌓게 되었으며, 지붕 트러스까지 그 해 겨울에 해냈습니다. 그때 입당을 안 했더라면 어느 세월에 들어갔을지 모릅니다. 학생, 청년이 다수인 재적 300명이 6,500만 원의 공사를 해내는 것은 매우 어려운 일이었으니까요.

그 주일에 입당했던 그 지하실을 저는 '삼다관'(Three-focus Hall)이라고 명명했습니다.

좋다. 된다. 한다.

1984년 7월

조치원행 시내버스 기사

우리 교회에 조치행 집사님이 계십니다. 그분이 하시는 일은 조치원 쪽 시내버스를 운전하는 일입니다. 이름대로 '조치원행' 아닙니까?

1984년 7월 군목시절 제대 말년이었습니다. 26년 전의 일입니다. 이곳 청주 공군부대에서 대구 공군부대로 설교하기 위해 가는 중이었습니다. 그 당시 교회 봉고차는 있었지만 제 개인 승용차는 없었습니다. 기차를 타기 위해 조치원으로 향하는 시내버스를 탔습니다. 자리가 없어 운전석 바로 뒤에 선 채로 가고 있었습니다. 그런데 차내에 조용한 클래식 음악이 들려왔습니다. FM라디오 방송을 틀어 놓은 것이었습니다.

복잡한 시내를 빠져나가자 운전기사가 이번에는 카세트테이프를 틀었습니다. 그런데 흘러나온 음악은 찬송가였습니다. 그러나 결코 시끄럽지 않게 켜놓아서 누구도 싫게 느끼지 않는 것 같았습니다. 그리고 보니 운전석 담배 놓는 자리에 껌이 놓여 있습니다. 40세가 채 안 돼 보이는 그 기사는 나중에는 조용히 찬송을 따라 불렀습니다. 조치원역에 도착할 때까지 말입니다. 복음성가도 아닌 분명한 찬송가인데도, 누구 하나 말하지 않았습니다. 그는 분명히 자기를 구원하신 주님을 찬양하고 있었으며, 자기의 신앙을 승객들에게 굳이 감추려 하지 않았습니다. 그는 지혜롭게 찬송을 틀어 승객들에게 복음을 전하려 한 것이라고 생각합니다.

창원에 사는 어느 목사님이 한번은 서울에서 창원까지 고속버스를 탔는데, 길이 막혀서 6시간 20분이나 걸렸다고 합니다. 그런데 그 버스 기사가 도착할 때까지 계속 기독교방송과 극동방송을 틀어주는 겁니다. 당연히 찬송과 간증과 말씀만 나오는 거죠. 저도 한번은(1993. 5.) 서울로 올라가는 우등고속버스를 탔는데, 좌석마다 이어폰이 있고 각자가 채널을 선택할 수 있게 되어 있었는데, 라디오 여러 채널 중 오로지 극동방송 하나만 나오게 고정돼 있었습니다.

버스 안에서 제일 높은 사람이 누굽니까? 버스 안에서는 뭐니뭐니해도 역시 운전기사가 최고입니다. 채널을 마음대로 선택해요. 자, 이렇게 운전기사 한 사람이 예수를 믿으니까 6시간 20분 동안 모든 승객이 복음의 포로가 되더라는 얘깁니다. 승객들은 듣기가 싫어도 들어야 했습니다. 물론 개중에는 거부감을 가진 사람도 있었겠지만, 웬만하면 말하지 않고 듣게 되는 겁니다. 그래서 이 목사님이 자기 아내에게 이렇게 말했답니다.

'여보 우리, 운전기사님들에게 집중해서 전도합시다.'

제가 그 날 시내버스에서 내린 곳은 종점이 아니었습니다. 도중에 내리게 되었습니다. 그때 저는 기사에게 전해 달라고 부탁하면서 5천 원짜리 지폐 한 장을 꺼내 접어서는 안내양의 손에 쥐어주었습니다. 찬송가 테이프를 구하는 데 사용하라고 했습니다. 26년 전의 5천 원은 지금보다는 제게 훨씬 큰 돈이었지요. 글쎄요, 지금으로 말하면 5만 원은 되는 느낌입니다. 그랬더니 안내양이 자기 가슴을 두드리면서 얼굴에 희색을 띠며 '저도예요!' 하잖아요? 무슨 소리입니까? 자기에게도 돈 달라는 게 아닙니다. 자기도 예수 믿는 사람이라는 뜻이에요.

차에서 내린 저는 멀어져 가는 차를 한참동안 바라보았습니다. 그랬더니 그들도, 걷고 있는 저를 계속 주시하였습니다. 저는 그들을 주의 이름으로 축복하였습니다. 그들을 통해 그리스도의 빛이 더 드러나기를 말입니다.

1985년 7월 14일

갈 때는 말없이

청주제일교회 이임사

나뭇가지에 앉았던 새가
그 몸무게만큼
가지를 흔들며 떠나갑니다.
인격이나 영혼의 깊이만큼 항상 영향을 끼치는 것.
저는 슈퍼 라이트급이니 그렇지 못하리라는 것을 잘 알고 있지만, 그럼에도 흔들림이 있다면 오히려 잔잔한 연못에 돌멩이를 던져 파문을 일으키는 것에 비유되어야 할 것입니다.

1978년 3월 마지막 주일, 첫 목회지를 향해 출발하던 시간, 저를 키워 주시고 저도 3년 동안 전도사로서 보필하던 목사님(都正仁)께서, 떠나는 저를 위해 예배를 인도해 주시면서 했던 설교 말씀을 지금도 생생히 기억합니다. 그 동안 7년, 그때 주셨던 금배지 십자가는 벌써 없어졌지만, 예수의 십자가를 기억하며 나의 십자가를 지는 법을 배워 왔습니다.

지금 이 순간 저는 목회를 시작하던 그때의 감정으로 되돌아가고 있습니다. 전혀 해 보지 않은 일을 처음 하려는 것 같은 착각 속에 있습니다. 시집보내는 딸의 등을 쳐다보는 어머니의 심정과, 아들을 군대에 보내는, 말은 없으나 가슴 저려 하는 아버지의 마음을 지금 알 수 있을 것 같습니다. 자기들 깐에는 염려 말라고 호언장담하지만 시집가서 그릇도 깨뜨리고 밥도 태워야 하듯이, 군대 가서 고참에게 기압도 받아야 하듯이, 거친 맛을 좀 봐야 할 겁니다.

  저는 기존 교회에 부임할지 모른다는 기대로, 교회 개척만은 하지 않으려고 발버둥 쳤습니다. 그랬기에 부대 교인 두 명이 바친 1,400만 원의 자금으로 교회를 개척하기로 이끌려 가면서도 이 일이 하나님이 허락하시는 일인지, 하나님께서 기뻐하시는 일인지 의심하면서 상당히 고심하였습니다. 하나님이 모르시는 교회가 있을 수 없기 때문입니다. 주님 뒤를 바짝 따르지 못하고 처지는 것도 문제지만, 주님보다 앞서는 일도 옳지 않기 때문입니다. 그러나 시간이 흐를수록 하나님의 허락이 있음을 확신하게 되었습니다. 다른 건 다 고사하고 그 확신 하나가 제게는 가장 큰 위로이며 선물이고 용기가 되었습니다.

  못난 사람의 우둔한 행동을 이해해 주실 뿐 아니라 도와주시기'까지 한 기획위원회 여러분께 깊은 감사를 드립니다. 저의 떠남을 만류하시는 목사님을 뿌리치고 달아나는, 더 오래 그리고 잘 보필하지 못하는 저를 용서해 주시기를 빌 뿐입니다. 짧은 기간이나마 주의 종이라고 여겨 사랑해 주신 성도 여러분께도 감사의 말씀을 빼놓을 수 없습니다.

  '갈 때는 말없이'라는 말이 있는데 말이 길어진 것을 용서해 주시기 바랍니다. 기회가 주어지는 대로 지교회 목사로서 모교회에서 보고의 시간을 갖게 되기를 희망합니다. 제일교회에 주님의 평강이 더욱 함께 계시기를 간절한 마음으로 빌겠습니다.

  안녕히 계십시오.

제 2부

주로 말미암고

1985년 11월 17일
첫 추수감사절!

첫 추수감사절! 그렇다. 첫 번째 맞이하는 추수감사주일이다. 지난날에 추수감사절을 안 지킨 것은 아니다. 그러나 오늘의 예배는 각각 다른 곳에 있던 우리를 주께서 이 교회로 불러주시고 이 공동체를 통하여 감사제를 받으신다는 점에서 분명 처음이다.
지금 나는 10년 후의 감사절을 생각하며 눈을 감는다.
오늘 나는 20년 후의 그 날을 바라보면서 간절히 희구한다.
주여, 첫 번째 추수감사 예배는 잊을 수 없는 날, 북받쳐 오르는 감격과 눈물의 날이었다며 눈시울이 뜨거워지게 하옵소서.

첫 추수감사절! 100명 남짓했던 메이플라워호의 청교도들처럼, 오늘 우리 교회가 18세 이상 성년 꼭 102명(성인 100명, 고3생 2명)을 태운, 이름하여 '좋은호' – '5월의 꽃'(Mayflower)이 아닌 'Good호'에 함께 올라 하나님께 예배하였다. 7월 27일 출항한 이 배가 그 동안 무서운 풍랑과 넓은 그리고 아득한 바다를 헤치고서 112일의 항해를 했던 것이다. 비록 짧은 기간이었지만 긴 역사를 쓸 수밖에 없는 수많은 일들이 일어났었다. 수많은 여론의 화살을 받았고, 풍랑의 소용돌이가 있었지만, 역시 하나님의 은혜는 그저 한없이 크시다는 것밖에 할 말이 없다.

1989년 8월 16일

맞바꾼 봉투

　　　　　　우리 교회가 개척한 지 불과 얼마 되지 않아 교회 부지를 샀습니다. 그리고 예배당을 신축하기 시작했습니다. 당시 우리 교인이었던 분이 종합건설회사를 운영하고 있었기 때문에 그에게 맡겼습니다. 하지만 불행하게도 중도에 회사가 남의 손에 넘어가 버리는 일이 발생했습니다.

　그 다음부터는 하청업자들과 직접 제가 협상을 해야 하는 상황에 이르렀습니다. 아마도 열두서너 군데의 업자들과 담판을 지었습니다. 일일이 만나 남은 공사비를 체크하였습니다. 형편이 이렇게 되었으니 할 수 있으면 약간씩이라도 공사대금을 줄여줄 수 있겠는지도 물었습니다.

　그때 만났던 사람들 중 한 업체 대표를 잊지 못합니다. 그때의 일을 메모해 둔 것이 있는데, 그 날짜는 1989년 8월 16일 수요일이요, 그 날 오전 11시 20분이라고까지 적혀 있습니다.

　우리가 그 업체에게 지불하여야 할 액수는 220만 원이었습니다. 20년이 다 되어가는 데다가 당시 우리 교회가 그리 크지 않았다는 것을 생각한다면, 지금으로 따지면 느낌으로 2,200만 원은 되는 듯싶었습니다.

　그 업체 사장과 통화를 하면서 좀 덜 받을 수 있겠는지 물었습니다. 그랬더니 야박하게도 다 달라는 겁니다. 그 대신 자기가 얼마의 건축헌금을 하겠다는 겁니다. 제가 그때 얼마를 하겠느냐고 물었는지도 모릅니다. 하여간에 그는 50만 원을 헌금하겠다고 했습니다. 그러니까 결국은 170만 원만 지불하면 되었습니다. 다시 말하면 지금 느낌으로는 1,700만 원을 지불하면 되는 것이고, 5백만 원은 깎은 셈이 되는 겁니다.

만나기로 약속한 날짜가 되었습니다. 글쎄요, 그 사장의 나이가 50대 중반쯤 되어 보였습니다. 시내 모 교회에 나간다고 들었습니다. 신앙이 든독한지는 잘 모르겠습니다. 하여간에 그가 우리 교회 사무실에 왔습니다. 저와 테이블에 단둘이 마주앉았습니다.

저도 이미 돈을 준비하였습니다. 넉넉했던 것도 아닙니다. 아무것도 없이 땅을 사고 공사를 시작할 때부터 빚으로 버텨온 터라 어디에서 어렵게 구해야 했습니다. 자, 그렇다면 얼마를 준비하면 됩니까? 어차피 계산하면 되는 거니까 현찰로 1,700만 원만 마련하면 되는 것 아닙니까? 그러나 저는 그때 2,200만 원을 모두 현금으로 준비했습니다. 그런데 그가 자리에 앉아서 한 첫 마디가 그것입니다.

'목사님, 돈 준비되었습니까?'
'예, 여기 준비하였습니다.'
'얼마를 준비하셨습니까?'

그때 나는 2,200만 원을 모두 준비했노라고 말했습니다. 그랬더니 그는 그러면 그걸 자기에게 넘겨달라고 했습니다. 저는 고스란히 그에게 봉투를 건넸습니다. 그랬더니 제가 보는 앞에서 그 돈을 꺼내어 세어 보는 겁니다. 이미 제가 말한 그 액수임을 직접 확인하는 겁니다. 다 확인하고는 그럽니다.

'예, 맞습니다.'

여기까지 말하고는 이제 제 생각에는 그 돈에서 500만 원을 따로 세어서 저에게 헌금으로 건네줄 줄 알았습니다. 그런데 그 예상은 깨졌습니다. 그는 돈을 모두 챙겼습니다. 긴장이 되었습니다. 그러고는 자기 양복 윗도리 좌편 안쪽 호주머니에서 별도로 준비한 봉투를 꺼내었습니다. 이미 준비해 온 봉투였습니다. 오래 되어서 잘 기억은 나지 않는데, 그 봉투에 스태플러까지 찍혀 있었지 않았나 싶기도 합니다. 분명 준비된 돈이었습니다. 자기 회사 봉투에 자기 이름을 친필로 써서 따로 헌금을 준비한 것입니다. 서체를 보니 남성답고 또 강직하였습니다.

저는 그때 매우 놀랐습니다. 저도 그 큰돈을 현찰로 준비하느라 애를 썼지만, 그도 별도로 그렇게 봉투에 넣어 왔으리라고는 생각을 못했습니다. 만일 그때 제가, 어차피 같은 돈이니 500만 원 떼고 1,700만 원만 준비했다면 매우 부끄러웠을 것입니다. 정말 아차 싶었습니다.

저는 그분이 건네준 헌금봉투를 열어 그 자리에서 돈의 액수를 세어 보지 않았습니다. 그대로 믿기로 했습니다. 영수증에 대해 물었으나 영수증은 없었습니다. 그것도 믿기로 했습니다.

저는 그 일을 잊지 못합니다. 그때 그가 들고 왔던 헌금봉투를 여기에 들고 올라왔습니다. 바로 이것입니다. 봉투 중에 그가 직접 쓴 이름 석 자와 회사명이 적혀 있는 부분만 잘라서 그 동안 보관해 온 것입니다. 지금도 간혹 그이가 어떻게 살고 있는지 궁금할 때가 있습니다. 얼굴은 거의 기억도 나지 않지만….

2008. 11. 9. 주일저녁 설교

1990년 2월 4일

한밤중의 전화

　　　　　어느 날 깊은 밤중에 전화벨이 울렸다. 정말 한밤중이었다. 불을 켜지 않아서 정확히 몇 시인지는 모르겠지만 아마 1시가 넘었을 것이다. '여보세요?' 그랬더니 대뜸 들려오는 소리가 반말이다.
　'너, 목사냐? 너 왜 그 따위로 교인들을 가르치냐?'
　'예, 누구신데요?'
　'너 이 자식! 그래서 되겠어?'
　혀가 꼬부라진 소리로, 한밤중에 홍두깨이다. 그냥 막 지껄인다. 뭐라고 대꾸해야 할까?
　'야, 왜 말을 안 해, 응?'
　누군지를 잘 모르겠다. 그러다가 그 남자 옆에서 울고 있는 여인의 목소리가 전화기에서 들려온다.
　'여보~, 잘못했어요. 잘못했다니까.'
　알만하다. 부인이 우리 교회 교인인데 한밤중에 술 먹고 들어온 남편이 행패를 부리는 것이 분명하다. 9년 동안 남편에게 갖은 핍박을 받아온 아무개 집사님 가정이다. 이 일 때문에 기도도 많이 하고 노력도 많이 했다고 한다. 다른 곳에서 살 때는 더 심했는데 좀 나아진 게 그 정도란다. 그래도 신분이 고등학교 교사인데 이곳으로 전근해 와서도 여전하다. 그렇지만 이런 전화는 처음이다. 얼굴도 모르고 본 적도 없는 이에게 뭐라고 할 수도 없고, 그렇다고 전화를 끊어 버릴 수도 없었다.

그 밤에 계속 욕을 퍼부었다. 그가 뭐라고 했는지 기억도 못하겠다. 어쩌면 그냥 횡설수설이라고 보아야 할 것이다. 그러나 한밤중에 그런 전화를 계속 붙들고 있을 수도 없지 않은가? 답답한 노릇이다. 대책 없이 한동안 욕을 먹고 있는데, 전화가 저절로 끊어졌다. 할렐루야!?

그렇다. 다행이다 싶어 다시 자리에 누웠는데 또 다시 벨이 울린다. 어떻게 하면 좋을까? 잠시 망설였다. 그 때 왜 코드 빼놓을 생각을 못했나 싶다. 안 받을 수도 없었다.

'야! 전화 왜 끊어?'

아니, 자기가 끊었지, 내가 끊었나? 또 트집이다. 좀 전과 비슷한 욕을 또 해댄다. 그러다가 다행히 이번에는 아까보다는 좀 짧은 시간 안에 끊어졌다. 어둠 속에서 실컷 욕을 먹고는 두 번째로 자리에 누웠다.

그런데 그런 일이 있은 지 한 석 주 지났는데, 그 사람이 제 발로 걸어서 교회를 나왔지 뭔가? 아니, 걸어서만 아니라 차도 타고 왔겠지.

어떻게 된 거냐고 했더니, 명절에 식구들이 모였는데 수요일이 끼어 있어서 동서들이 함께 어디를 갔다가 모두가 교회를 가는데 자기만 혼자 떨어질 수가 없어서 같이 따라갔다나 보다. 그게 계기가 되어서 그 다음 주에는 우리 교회에 정식으로 발을 내디딘 것이다. 할렐루야! 정말 할렐루야이다.

그런데 그분과 인사를 나누면서 속으로는 웃음이 나왔다. 불과 수일 전에 그렇게 나한테 실수를 하고는 어떻게 제 발로 걸어와 내 얼굴을 보는가 싶었던 것이다. 벼룩도 낯짝이 있다는데 말이다. 인간적으로 보면 그 사람이 그렇게 빠른 시일 내에 우리 교회에 나올 수가 없다. 그러나 하나님께서 이끄시면 나오게 되는 것임을 믿는다. 부르심의 역사가 계셨던 것이다.

"내가 너를 구속하였고 내가 너를 지명하여 불렀나니 너는 내 것이라"(사 43:1).

1992년 3월 30일

아빠 엄마께

한아름(한은주)

아빠 엄마,
오늘 초롱이가 자기도 모르게 오락실을 갔어요.
아빠 엄마, 초롱이를 제가 발견한 후 많이 야단을 쳤어요.
그랬더니 교도소에 갈까 봐 무척 울면서 겁을 먹더라고요.
그래서 제가 아빠와 엄마께 진정으로 말씀드리자면,
초롱이를 이번만 봐주셨으면 해서요.
저도 초롱이가 울면서 저에게 매달리면 얼마나 슬픈지 몰라요.
저도 이번엔 초롱이가 잘못했다고 생각하기는 하지만요,
저는 초롱이를 사랑하거든요?
초롱이가 너무 오락실에 가고 싶었나 봐요.
제가 생각하기는
빨리 컴퓨터를 사주셔서 오락실에 가지 않도록 하시든지,
아니면 정 오락실에 가고 싶어 하면
아빠 엄마와 함께 가는 것이 더 효과적이라고 생각해요.
아빠 엄마,
제가 쓴 편지를 진정으로 생각하셨으면 좋겠어요.

아름 드림

1995년 4월 13일

한 건축위원의 간증

새 부지부터 물색하기 위하여 건축준비위원으로 함께 수고해 준 분에게 일어난 일입니다. 부지 매입을 위해 제일 앞장서서 뛰어준 K집사님입니다.

그가 1994년 연말에 분주하여 여러 일로 바쁘게 지내고 있었습니다. 그런데 어느 날 밤 꿈에, 목사인 저와 교회 재무담당 장로이면서 그 집사님의 예전 속회인도자였던 장로님이, 한 성경을 펼쳐들고 각각 한 쪽씩을 들고 나란히 보고 계시더랍니다. 그래서 자기도 그 사이에 끼어 함께 성경을 보는데 마음이 포근하고 편안함을 느꼈습니다.

그런데 잠시 후 제가 성경을 닫더니, 앞에 있던 어느 두 사람에게 갑자기 수표 얘기를 꺼내면서 야단을 치는데, 마치 판사가 재판정에서 호통을 치듯 했다는 겁니다.

꿈에서 깨어나 보니 새벽 3시입니다. 깊은 밤입니다. 곰곰이 생각합니다.
'목사님과 장로님이 연말에 어떤 재정적인 어려움이 있는 것일까? 왜 그렇게 은혜롭게 성경을 읽으시다가 갑자기 수표 얘기는 꺼내는 것일까?'
이 생각 저 생각을 하다가 문득 어제 낮에 가방(지갑)에 넣어 둔 수표가 생각나더라는 것입니다. 연말이고 바쁘고 해서 잘못 챙길까 봐 핸드백에 넣어 들고 다니던 3,600만 원짜리 수표를 아파트 지하 주차장에 그냥 두고 내린 것이 생각나는 게 아닙니까?

깜짝 놀라서 새벽 3시가 넘은 그 시간에 옷도 채 못 챙겨 입은 채 달려가 보니, 운전석 옆 조수석에 가방이 그대로 놓여 있는 겁니다. 정말 다행이라고 생각하면서 들고 들어와 다시 잠을 잤습니다.

그런데 다음날 아침에 일어나 아래로 내려가 보니 관리사무소에 난리가 났습니다. 지난밤에 집사님이 차를 둔 아파트 차고에 두어 놈의 잡놈들(?)이 들어와 두 대의 승용차를 부수고는 그 안에 있는 110만 원의 수표와 핸드폰 등을 훔쳐간 것입니다. 아파트 주민들은 그걸 관리실에서 미처 모르고 지키지 못했다고 아우성입니다. 집사님의 차는 그 두 대의 차들 중간쯤에 있었는데 말입니다. 신고하고 조사를 하였으나 감감 무소식입니다. 이 이야기를 해 주던 4월까지도 소식이 없었습니다.

세 가지를 생각해 볼 수 있습니다.

첫째, 승용차 안에 있는 돈 냄새를 그렇게 기가 막히게 알아내는 그들이, 그 사이에 빤히 들여다보이는 여자 핸드백을 못 볼 리 없고, 단돈 얼마라도 있을 거라고 생각이 들었으면 역시 집사님 차도 부수었을 것이며,

둘째, 3시가 넘어서 집사님이 내려갔을 때에는 차고의 다른 차들도 별일이 없었으니까, 그 도둑들이 들어와 턴 시각은 집사님이 올라온 후이므로 3시 20분이 지나서이겠지만, 또 4시가 지나면 새벽기도 가는 사람, 일찍 볼일 있어 나가는 사람이 있을 법 하니까, 역시 털린 시각은 집사님이 가방을 들고 들어온 직후라고 보아야 할 것이 아니겠는가?

그리고 셋째는 역시, 꿈속에서 목사님이 성경을 보다가 갑자기 두 사람을 향하여 수표 문제로 판사처럼 호통을 치는 소리에 놀라서 깨어나게 되도록 역사하신 하나님의 은혜입니다.

하나님께서 교회건축을 위해 수고하는 이들에게, 이 땅을 구입하는 문제만이 아니라 하나님의 역사하심과 사랑을 그 삶에서도 체험하게 하시는 것을 우리는 함께 깨달았습니다.

1995년 6월

일송정의 선구자

일송정 푸른 솔은 늙어 늙어 갔어도
한 줄기 해란강은 천 년 두고 흐른다
지난 날 강가에서 말 달리던 선구자
지금은 어느 곳에 거친 꿈이 깊었나 (♪)

　1995년 6월, 용정에 갔습니다. 윤동주 시비(詩碑)가 있는 대성중학을 방문하고, 일송정에 올랐습니다. '일송정'이란, 정자의 이름이 아니고 소나무가 정자처럼 가지를 뻗쳐 그늘을 드리워 정자의 역할을 했다는 곳입니다. 사방을 둘러보니 평강평야와 비암산이 시야에 펼쳐집니다. 가까운 곳을 바라보니 해란강과 용정 시내가 굽어보이고, 안내자가 지적하는 곳에 용주사터 작은 방죽도 보입니다. 이곳에서 말달리던 선구자들!
　문익환 목사님의 모교이기도 한 용정의 대성중학을 다니던 의식 있는 청년들이 자연스레 이 언덕에 올라 시를 읊고, 노래를 부르며, 나라를 걱정하는 깊은 대화를 나누기도 하였답니다. 이 언덕은 조선인들 마음의 사랑방이요, 의식을 키우는 교두보이기도 한 셈입니다.
　이렇게 되자 일제는 민족의식을 고취시키는 이런 장소를 없애려고 하였습니다. 이곳 일송정 나무를 베어 버리려고 했습니다. 그런데 이 사실을 안 젊은이들이 이 언덕을 지키기 위해 안간힘을 썼다고 합니다. 그러나 결국 관에서는 밤중에 올라와 나무껍질 사이에 후춧가루를 발라 놓음으로써, 그 나무는 말없이 서서히 죽어갔습니다. 그 나무는 이렇게 하여 없어지고, 정자 하나가 대신 세워졌습니다.

지금은 그 옆에 새로 캐다 심은 소나무 한 그루가 있습니다. 뿌리를 내리느라 애를 쓰고 있었는데, 그 모습은 나의 마음을 아리게 했습니다. 더구나 산자락이 파헤쳐진 흔적이 역력하여, 현장을 지키는 순수하게 생긴 아저씨에게 설명 도중 집요하게 물었더니, 중국 당국이 그렇게 했다는 것이 아닙니까? 돌이 부족하여 건축현장에 쓰려고 캐내어 갔다는 얘깁니다. 왜 그걸 용정 사람들이 말리지 않았느냐 반복해서 물어도, 당국이 필요해서 쓴다는데 누가 뭐라 할 수 있었겠느냐는 싱거운 대답뿐이었습니다.

'아니, 돌이 그렇게도 없어 이 작은 언덕의 돌을 캐내어야 했단 말인가?'
'이 언덕의 의미와 상징을 생각해서 왜 좀 더 반대하지 못했단 말인가?'

관광객들마저도 이 언덕까지 올라오는 사람들은 많지 않고, 저 아래 길 옆 입구의 기념비 앞에서 사진 찍고, 멀리서 바라보고는 가 버린다고 했습니다. 짧은 일정 중 예까지 오를 수 없는 것은 어쩔 수 없다지만, 역사적, 정신적 유산물이 무관심 속에 버림당하지 않을까 염려스러웠습니다. 그러다가 며칠 후 북경에 왔을 때, 26세의 가이드 청년을 만났는데, 그가 자신이 용정 출신이라는 것과, 자기 친구 얘기를 해줄 때에는 다시 마음이 놓였습니다.

그의 친구가 결혼하던 날의 이야기입니다. 친구의 아버지는 그곳 용정 어느 학교의 교장이시라고 했습니다. 그곳 풍속대로 결혼을 하는 때 양가를 다녀오는데, 집에 오기 전에 먼저 일송정을 들러 다녀오게 한 후 집으로 들어오도록 했다는 것입니다. 조선인이면 이런 중요한 날에 꼭 그곳을 들러 민족혼을 일깨워야 한다는 것입니다.

용두레 우물가에 밤새 소리 들릴 때
뜻 깊은 용문교에 달빛 고이 비친다

이역하늘 바라보며 활을 쏘던 선구자
지금은 어느 곳에 거친 꿈이 깊었나

　1933년이라던가요? 한 아가씨가 이곳에서 조두남 씨에게 이 시를 전달하면서 곡을 만들어 달라고 하고 다음에 만날 약속을 하였지만, 후일 그 여인은 끝내 나타나지 못하고 말았다고 합니다. 무슨 일을 당한 것일 겁니다.
　이 '선구자' 노래를 우리 교회 복음성가집 뒷부분에, 몇 곡의 비복음성가를 수록하면서 함께 넣었습니다. 가사 중에 절 이름이 있는 것도 고려하지 못했으나, 또 한편 생각해 보면, 이런 좋은 노래를 넣은 것은 또한 괜찮은 실수였다고 느껴집니다.

용주사 저녁종이 비암산에 울릴 때
사나이 굳은 마음 길이 새겨 두었네
조국을 찾겠노라 맹세하던 선구자
지금은 어느 곳에 거친 꿈이 깊었나

　북경에 왔을 때 총각 가이드와의 대화 중 달리는 차 안에서 선구자 노래를 그에게 불러 주었습니다. 우리 일행 모두의 목소리로 말입니다. 그랬더니 그 청년은 전에도 선구자 노래를 몇 번 들은 적 있지만, 이 노래가 이렇게 좋은 줄은 몰랐다며, 다른 노래 같고 오늘은 왜 그렇게 들리는지 모르겠다고 했습니다. 괜한 소리는 아니었는데, 우리의 노래 솜씨가 좋아서였을까요? 아니면 우리의 부르는 태도가 보다 진지해서였을까요?
　일송정을 내려오면서 묵묵히 지키고 있는 순박해 보이는 그 아저씨에게 약간의 감사 표시를 하고는, 차를 타지 않고 일부러 언덕길을 걸어 내려왔습니다. 그 예전 선구자들이 이 길을 오르내렸을 것을 되새기면서….

1 9 9 7 년 8 월 2 4 일
온유한 사람이 땅을 얻는다

우리 교회는 예배당 신축 문제로 1년 동안 싸웠다. 작년 6월 19일에 건축허가가 났다. 그리고 10월 2일에 착공계도 수리되었다. 성도들에게 공개적으로 이 땅을 주신 하나님께 감사하자고 공언해 왔다. 하지만 우리가 짓기로 했던 가경동의 동산 그 자리에는 결국 예배당 신축을 안 하기로 굳혔다. 주민들과의 싸움과 주공 측과의 싸움에서 결국 진 셈이다. 끝까지 싸워 최후의 승리를 거두었어야 기분이 좋았겠지. 그러나 그 싸움에서 이겨야 꼭 이기는 것인지에 대해서는 숙고해 보아야 한다.

주민들과의 협상이 이루어지지 않아 끝내는 공사방해금지가처분신청까지 내어 우리에게 유리한 판결을 받아내었으니, 계속해서 다음 순서의 재판을 밀고 나갔어야 했나? 주택공사와의 협상에서도 끝까지 공사를 강행하면서까지 싸울 수는 있다. 그렇게 하여 끝까지 서로가 코피 터지게 싸우면 우리 교회가 승리의 명예를 얻겠는가? 법정투쟁을 계속하고, 매스컴에 공론화하고, 서명날인을 유도하며, 플래카드를 내걸고 몸싸움을 벌이면, 사람들은 교회를 향하여 뭐라고 하겠는가? 예배당은 짓겠지만 상처투성이일 것이다. 명예도 상실하고야 말 것이다. 우리가 왜 교회를 크게 지으려고 하는가? 우리를 통해 주의 이름이 높여지고 주님이 영광을 받으시게 하려 함이다. 그런데 예배당을 지으면서 주의 이름을 도리어 욕되게 하면 소용이 없게 된다.

마지막까지 신경을 써야 했던 것은, 같은 가경 4지구 내에 두 교회가 비슷한 형편이어서 서로 공조하면서도 동시에 경쟁적 위치에 있던 서남교회와의 부지선정 과정이다. 35m 도로변의 1,280평짜리와 단독주택단지 안에 들어가 있는 1,240평짜리를 두고 택일하는 것이다.

더 좋은 걸 갖고 싶은 것은 인지상정이다. 그러나 그렇다고 좋은 것을 서로 가지려고 하면 싸움밖에 더 하겠는가? 누군가가 큰 것을 갖게 되었다고 좋아하는 순간, 상대적으로 누군가는 섭섭할 거 아닌가? 안 믿는 사람들 앞에서, 그들이 다 주시하고 있는데, 교회끼리 서로 경쟁하며 불화하면, 결국은 우리 아버지 하나님의 이름이 욕되지 않겠는가? 우리는 그리스도 안에서 한 형제이다. 형이고 아우이다. 형제끼리 싸우면, 남들이 우리 집안 가문, 기독교 전체를 욕한다.

'여러분 교회에서 먼저 아무거나 고르세요. 그러고 나면 어떤 것이든지 나머지를 우리가 갖겠습니다.'

이 말을 하기 위해서 나는 오랫동안 마음에 준비하고 연습해 왔다. 그 문제가 구체적으로 논의될 때, 갑자기 이 말을 꺼내기는 쉬운 일이 아닐 거라고 생각했다. 또 나 자신은 그렇게 받아들여도 장로님들이 찬성할지도 문제이다. 그래서 여러 번 사전에 장로님들에게 그 뜻을 인지시켰다. 또 둘 중 어느 한쪽으로 너무 치우치면 안 되겠기에, 주공 측에 이 두 종교부지를 어느 정도 맞추어 달라고 여러 번 부탁했다.

굳이 따지자면 우리 교회는 2,970평의 부지를 확보했고, 서남교회는 1,833평이니 우리가 더 유리한 셈이지만, 그런 것은 접어 두려고 애썼다.

나는 근래에 이삭이 우물을 팠던 이야기(창 26:12~33)를 마음 깊은 곳에 담아두고 지내왔다. 아버지가 파서 물려주신 것을 블레셋 사람들이 와서 흙으로 메워버렸기 때문이다.

이삭은 다툼에서 졌는데, 하나님은 그에게 승리를 안겨주셨다. 이삭은 사람들에게 땅을 빼앗겼는데, 하나님은 그에게 더 넓은 땅을 주셨다. 이삭은 치

열한 생존경쟁에서 진 줄 알았는데, 하나님은 이기게 하셨다.

그 다음에 어떤 일이 일어났는가? 그렇게 이삭의 우물을 연속으로 빼앗은 그랄 지방의 유지들이(대표들이) 이삭에게 찾아왔다. 이삭이 그들에게 물었다.

'당신들이 나를 미워하여 이렇게 쫓아내고서, 무슨 일로 나에게 왔습니까?'

그들은 이렇게 대답하였다.

'우리는 주께서 그대와 함께 계심을 똑똑히 보았습니다. 그래서 우리는 당신과 평화조약을 맺기를 원합니다. 그대는 분명히 주께 복을 받은 사람입니다.'

우리 교회가 믿지 않는 사람들에게 '당신들의 교회는 정말 하나님의 축복을 받았군요. 하나님이 함께하시는 정말 좋은 교회군요'라는 소리를 듣기를 진심으로 원한다. 그래서 그들이 그 날에 스스로 찾아와 우리와 좋은 관계를 맺고자 희망하는 일이 일어나기를 기도한다.

그때 이삭은 그들을 맞이하고 잔치를 베풀었다. 그리고 그들과 함께 먹고 마셨다. 우리의 새 예배당이 지어지는 날, 지금의 인근주민들, 그들도 환지를 받게 되므로 그 지역에 살게 될 터인데, 그들과도 함께 잔치를 할 수 있게 되기를 기도한다(「쓰러지면서 일어섬」 118~119).

그 후 이야기

2005년 7월 24일
창립 20주년기념 및 성전봉헌 예배

오늘의 시편은 '성전 봉헌가' 입니다. 그런데 이해가 잘 안 갑니다. 30편은 '다윗의 시'로 되어 있습니다. 하지만 다윗은 성전봉헌을 이루지 못했습니다. 성전을 짓지 못했던 사람입니다. 그런데 성전봉헌에 대해 다윗의 시가 웬 일입니까? 다윗은 그토록 성전을 짓고 싶어 했지만, 하나님께서 그에게 허락하지 않으셨습니다. 피를 많이 흘린 탓이라고 하셨습니다. 그래서 결국은 짓지 못하였지만, 그래도 정말 열심히 성전을 짓기 위한 모든 준비를 해두었습니다. 그리하여 그 아들인 솔로몬이 그 일을 이루었습니다.

그렇다면 혹시 이럴 수 있을지 모르겠습니다. 건축자재나 기술자까지 다 구하고 만반의 준비를 하면서 심지어 '성전 봉헌가' 까지 미리 지어놓은 것은 아닐까 하는 것입니다. 사실 이 시편에는 성전건축에 관한 언급은 없습니다. 그래서 얼핏 보면 성전 봉헌가라는 느낌을 받을 수가 없습니다.

우선 첫 절부터 읽어 보겠습니다.

"주님, 주님께서 나를 수렁에서 건져주시고, 내 원수가 나를 비웃지 못하게 해주셨으니, 내가 주님을 우러러 찬양합니다"(1절).

지금으로부터 10년 전 가경동 감나무골에 3천 평의 대지를 샀습니다. 오늘 우리는 창립 20주년을 맞고 있지만, 그때는 창립 10주년을 기해서 그곳 감나무골 현장에서 부지구입 감사예배를 드리면서 기뻐하였습니다. 그리고 정식으로 기공예배를 드리지는 않았지만, 어렵게 건축허가를 받고 공사업체를 정하여 착공까지 하였습니다. 우리는 가슴이 설레었습니다. 이제 아름답게 설계된 1,500평의 예배당이 머지않아 우리 눈앞에 펼쳐지리라고 기대했던 것입니다.

하지만 그렇게 쉽사리 일이 이루어지지는 않았습니다. 인근 주민들의 반대가 시작되었습니다. 모든 면에서 우리가 당연한 권리와 정당성이 있었기에 법적 대응을 했습니다. 물론 법은 우리 편이었습니다. 하지만 무작정 법을 앞세워 싸울 수만은 없었습니다.

그 아름답고 좋은 땅을 내주고 그곳에서 손을 털 때는 정말 섭섭했습니다. 하다가 물러서는 우리를 향해 누군가가 비웃는 듯했습니다.

그리고 몇 년이 흘렀습니다. 제 개인 노트에는 1999년 4월 30일 금요일이라고 적혀 있습니다. 주택공사 과장과 만났습니다. 우리가 갖고 있던 땅에 대한 보상 문제로 협의하기 위해서였습니다. 그런데 그 날 저는 그 과장에게서 주민들의 소식을 전해 들었습니다. 바로 전날(28~29일) 주민들과 만났다고 했습니다.

그곳에서 가장 극렬하게 반대하던 사람은 양 아무개였습니다. 예전에 면사무소 직원(공무원)이었다고 합니다. 여러 번 마주치면서 느낀 것은, 그 한 사람만 바뀌면 될 것 같다는 것이었습니다. 하지만 그는 아무리 설득해도 마음의 문을 열지 않았습니다. 이미 개신지구에서 17억이라는 보상을 받은 적이 있는 그는, 이번에도 가경동에서 보상을 잔뜩 기대하고 있었습니다. 결국 그는 그곳에서 또다시 17억을 받게 되었다고 했습니다.

보상을 위한 설명회 때 과장이 그를 만났다고 합니다. 그런데 그가 교회 목사에게 고맙게 여기더라는 것입니다. 목사가 뭐 좋고 합리적인 분이라고 칭찬하더라나요? 그들은 교회가 다 나름대로 안 짓는 것이 득이 되니까 안 지었을 것이라면서 코웃음을 칠 줄 알았습니다.

"주님, 주님께서 나를 수렁에서 건져주시고, 내 원수가 나를 비웃지 못하게 해주셨으니, 내가 주님을 우러러 찬양합니다."

우리는 물러섰습니다. 우리는 졌습니다. 우리는 실패했습니다.

하지만 부끄러움을 당하지는 않았습니다. 비웃음을 당하지는 않았습니다. 비록 수렁에 빠진 기분이었지만, 하나님은 우리를 건져주셨고, 오히려 오늘의 은항골을 통해 하나님은 영광을 받고 계시는 것입니다. 어찌 우리가 주님을 우러러 찬양하지 않을 수 있겠습니까? 그들이 이곳 골짜기를 와서 본다면 다시 한 번 하나님의 역사에 놀랄 것이 아니겠습니까?

1999년 3월 23일

우리 아버지

한진주 (고2)

　　　　　1966년 이후 내게 온 편지들을 버리지 않았다. 왜 모으기 시작했는지는 기억이 나지 않지만, 평소 무엇을 잘 버리지 않고 모으는 습성 때문일 것이다. 나중에는 기왕 모은 것이라서 버리지 못했다. 한때 그런 모습을 보시고 아버지는 꾸중하셨다. 목사가 본질적이지 않은 일에 집착하는 것이 눈에 거슬렸을 것이다.

　그럼에도 그 후 오랫동안 쌓아두었다. 세월이 흐를수록 더 많이 쌓여만 갔다. 언젠가는 버리려고 했지만, 나중에는 그럴 시간도 없었다.

　이제 모든 것을 정리할 때가 왔다. 그대로 쓰레기통에 버리기가 아쉬워서, 가까운 분에게 그 모두를 훑어보라고 했다. 3,928개라고 한다. 소각시킨 옛 애인과의 연애편지, 별도로 보관한 군에서 보내온 형의 편지들, 이메일에서 사라진 것 등을 포함하면 족히 4천 통이 넘겠다. 그 중에서 일곱 개를 골라왔는데, 다음은 아들아이의 편지이다.

　존경하는 아빠, 어버이날을 맞이해서 이렇게 편지를 씁니다.
　건강하신지요? (요번에 아빠 몸무게를 보니 많이 찌셨던데요!)
　원래는 제가 그냥 편지로(편지 형식으로) 쓰려 했는데, 얼마 전 국어시간에 '아버지'라는 소재로 글을 쓴 것이 있어 여기에 좀 적어 볼게요. 마음에 드실지 모르겠습니다. 아무튼 아버지, 언제나 건강하시고 오래오래 사세요.
　아빠 존경하고 그리고… 사랑합니다.

　　　　　　　　　　　　　　　　　　　　아버지의 아들 초롱이가

모래시계가 있다. 끊임없이 모래를 밑으로 붓는 시계이다.

모래시계는 아쉬움을 상징한다. 끊임없이 떨어지는 모래는 다시 올릴 수 없기 때문이다. 그런데 이러한 아쉬움이 없게 일생을 보내려는 분이 있다. B'로 우리 아버지시다.

아버지께서는 언제나 단 1초의 시간이라도 정신을 다른 곳으로 돌리지 아니하신다. 또 우리에게도 그렇게 하라고 말씀하신다. 실제로 나에게 '학생의 본문은 공부하는 것이니, 무엇을 할 때나 공부와 관련해서 생각하라' 고 말씀하신 적이 있다.

아버지께서는 지금 목사라는 직업을 가지고 있다. 한 신앙인으로서, 그리고 교회의 리더로서 열심히 활동을 하신다. 독서, 설교 준비, 교회와 수련원 공사 등 너무 바쁘셔서, 어떤 때는 1주일에 단 하루도 얼굴을 뵐 수 없고, 보통은 1주일에 두세 번 정도만 집에 들어오시지만, 아버지께서는 일하는 즐거움으로 한 주간을 보내신다.

아버지께서는 지식이 많으시다. 설교 준비 때문에 책을 많이 읽기도 하나, 책을 좋아해서 더욱 많이 읽으신다.

지금까지 아버지에 대해 나의 생각을 적어 보았다. 나는 개인적으로 이 세상에서 아버지를 가장 존경한다. 겉으로는 김우중 회장이나 그 밖의 위인들을 존경한다 말도 하지만, 그들은 나의 위인으로 보기에 부적당하다.

아버지가 집에 들어오시면 어느 날은 새벽 3시까지도 이야기를 나누지만, 보통은 1~3시간 정도 우리랑 대화를 한다.

아버지는 정말 성실하고 청결하시다. 그리고 매사에 최선을 다하신다. 나는 정말 이런 아버지가 참된 위인이 아닐까 생각해 본다.

2000년 6월

쌍무지개와 쌍햇무리

1. 무지개 (1)

2000년 6월 11일 봉명동

어제 저녁 즈음에 우리 교회 위에 뜬 세 쌍 무지개를 보았다. 보통 쌍무지개까지는 그래도 쉽게 볼 수 있다. 내가 말하는 세 쌍이란, 위에 따로 떨어진 무지개 말고, 그 가장 선명하고 굵은 무지개 안에 부분적으로 일곱 가지 색깔 아래로 또 다시 무지개가 이어져 있는 것이다. 그러니까 빨주노초파남보 아래에 또 노랑 초록 파랑 등의 색이 이어져 있었다.

무지개를 보면 언제나 기분이 좋다. 노아가 무지개를 보면서 하나님의 약속을 받은 걸 기억하기 때문이다. 우리 기도동산의 허가 문제로 고심하고 있던 어느 날이었다. 일을 하다가 대청호에 뜬 무척이나 선명한 무지개를 본 적이 있다. 나는 그것을 하나님이 주신 허락의 사인으로 받아들였다.

어제 무지개를 보면서, 우리 교회를 향하신 또 다른 뜻이 계심을 믿고 싶었다. 또 우리 민족을 향하신 좋은 증표라고 받아들였다.

2. 무지개 (2)

2002년 4월 26일 은항골

요즈음 날씨가 아주 좋다. 그야말로 맑고 밝다. 청명하다. 그 흔한 황사현상도 없고, 너무 덥지도 않고 춥지도 않고 나한테는 딱 좋다. 시야도 탁 트여서 어제는 저 상당산성이 아주 또렷하게 가까이 보였다. 게다가 이파리들이 새파랗게 돋아나니까 파란 하늘과 얼마나 잘 어울리는지 모른다.

〈만남의 집〉에서 점심을 먹고 나와서 하늘을 쳐다보았다. 그랬더니 하늘에 햇무리가 얼마나 분명하게 있는지 깜짝 놀랄 정도였다. 달무리는 쉽게 볼 수 있지만 햇무리는 그만큼 쉽게 보이지 않고, 더욱이 구름 낀 날도 아닌 맑은 하늘에 그렇게 뚜렷하게 보이는 것은 흔한 현상은 아닐 것이라 생각한다.

태양을 마주해야 하는 것이라서 눈이 부시지만 한참 쳐다보았다. 그런데 자세히 보니까 그 햇무리 말고 더 바깥쪽으로 또 하나의 햇무리가 있는 것이다. 그 햇무리는 아무래도 좀 희미하기는 하지만 무지갯빛을 띠고 있었다. 그러니까 쌍햇무리가 나타난 것이다. 대낮에 구름도 없는 하늘에 그런 현상이 일어난 것은 좀처럼 보기 힘든 일 아니겠는가?

〈만남의 집〉에서 보았기 때문에 예배당이 있는 은항골 쪽으로 나타났다.

만일 나 혼자 그걸 보았다면 거짓말이라고 할지도 모르겠다. 그러나 그 금요일 날이 건축회의가 있는 날이었기 때문에 건축위원들과 설계사도 함께 있었다. 그런 햇무리를 처음 보았다는 서울사람 강 소장과, 그런 쌍햇무리는 또 처음 보았다는 우리 김 장로님, 모두가 신기해했다.

성경은 분명히 기록하고 있다. 폭풍우 뒤에 환희의 태양이 빛나고, 평안의 상징인 하늘과 땅의 다리가 놓아졌다. 무지개는 실로 언약의 증거이다.

"내가 너희와 언약을 세울 것이니, 다시는 홍수를 일으켜서 살과 피가 있는 모든 것들을 없애는 일이 없을 것이다. 땅을 파멸시키는 홍수가 다시는 일어나지 않을 것이다. 내가 너희 및 너희와 함께 있는 숨 쉬는 모든 생물 사이에 대대로 세우는 언약의 표는 바로 무지개이다. 내가 무지개를 구름 속에 둘 터이니, 이것이 나와 땅 사이에 세우는 언약의 표가 될 것이다"(창 9:9~17).

은근히 하나님의 약속을 기억하면서 기대해 본다. 이 은혜의 골짜기를 향한 하나님의 복을 말이다.

2001년 3월 4일
우리에 대한 희망

1. 2001년 3월 4일

아인슈타인에게 있었던 부정적인 듯이 보이는 점이 아름이에게도 있는 것 같다. 발육이 다소 더딘 것이라든지, 말을 좀 늦게 시작한 것, 말을 하고서도 시옷발음이 어색했던 것(나는 어릴 때 '르' 발음을 못했다), 또는 이해력이 부족하다든지, 국어나 역사에는 흥미가 없다는 점이 그렇다. 언제고 아이에 대해 긍정적인 말을 하지 못한 것에 대해 미안한 마음을 갖고 있다.

정말 어떤 면에서는 가능성이 없어 보일 정도로 부족한 점이 있다. 그러나 그와는 또 반대로 어느 면에서는 특별한 부분이 있다. 자기 전공 분야에서는 교수들의 아주 특별한 사랑을 받고 있다는 것이 그렇다. 얼마 전에도 집에 왔다가 약간 뒤늦게 갔더니, 학교에서는 아이가 다른 학교로 옮겨가는 줄 알고 걱정들을 한 모양이다. 분명 그 부분에서는 인정을 받고 있는 것이다. 얼마나 파이프오르간에 빠져서 연습을 하는지, 과장하지 않고 말해서 엉덩이에 진물이 날 정도이다. 그래서 그 진물 때문에 고생하는 것을 보았다. 아주 특이한 아이이다.

나는 우리 아름이가 우선 '하나님의 은혜를 받은 아이'라는 점을 의심하지 않는다. 그 아이의 이름은 돌림자에 은혜 은(恩)자를 붙였다. 그것은 아버지의 바람이셨다. 영어 이름도 그래서 Grace Han이다.

나는 그 아이가 아주 어릴 적부터, 그러니까 두 돌이 지나면서부터는 어른 예배에 정숙하게 참석한 것을 기억한다. 심지어 어느 부흥집회에서는 새벽이고 낮이고 저녁이고 그 복잡한 긴 의자 사이에 틀어박혀서, 몇 시간이고 꼼짝 않고 참석하여 함께 은혜 받는 흉내를 그대로 낸 것을 기억한다. 그 나이에 무슨 소리인지를 알아들을 리 없건만, 어쩌면 그렇게 따라할 수 있었는지 지금도 이해가 되지 않는다.

나는 그 아이의 한쪽 손바닥에 있는 아주 특이한 손금을 또한 기억한다. 그 애같이 생긴 손금을 본 적이 없다. 생일도 2월 29일이라서 4년에 한 번밖에 없다. 바로 지난주간에 아이의 생일이 있어야 했는데, 금년에드 29일이 없어서 그냥 전화 한 통 해주는 것으로 넘어갔다. 전화를 28일에 해야 하나, 3월 1일에 해야 하나? 어차피 시차 때문에 하루 차이가 난다.

나는 그 아이가 아주 특별한 하나님의 은혜로 유학 갔음을 잘 기억한다. 그리고 그 다음에 주변에서 일어난 하나님의 인도하심에 깊이 감사한다. 그것은 분명 하나님의 인도하심이었다. 애비인 내가 그렇게 해야겠다고 해서 된 것이 아니었다. 하나님께서 이끌어주시고 계신 것이다.

지난주간 집회 때 강사가 자녀들에 대한 언급을 많이 했다. 직접 자기 아이들을 붙잡고 기도하는 시간까지 주었다. 나는 그 시간 먼 곳에 있는 아이를 '마음'으로 붙잡고 눈물을 흘리면서 기도했다.

나는 믿는다. 비록 부족한 점이 많은 아이이지만, '그럼에도 희망이 있다'는 사실이다.

2. 2001년 4월 25일

요즘 제 둘째아이의 고민은 보수와 진보 사이에서의 갈등입니다. 굳이 '갈등'이라는 말까지 쓸 필요는 없고, 자기 정체성이 확립되려니까 그 과정을 겪고 있는 것이라고 해야 더 타당할 겁니다.

자, 지금까지는 가정 안에만 있었습니다. 학교라고 해야 고작 수험생에서 벗어나지 못했습니다. 그런데 이제 대학생이 되고 보니 그야말로 인생관이 정립되어야 하고, 삶의 방식을 나름대로 구성해 나가야 했습니다.

보아하니, 다양한 부류의 학생들이 모여들었고, 서로 대화를 하다 보니 자기가 그 동안 꽤 보수적이었음을 느끼는 모양입니다. 감신 신학생 친구들과의 대화를 통해서 신학적인 혼동도 오는 모양이고, 반대로 네비게이토에 가입하면서는 또 보수적인 공부도 접하게 되고, 고모부 댁에 머물고 있는데 장로교 장로인 그 집안의 분위기 또한 보수적입니다.

나는 아이에게 보수와 진보 그 어떤 것도 강요하지 않았습니다. 자기 나름대로 더 충분히 사고할 필요가 있기 때문입니다. 아빠의 생각이 꽤 궁금한 모양이지만, 나는 그 어떤 결론도 내려주지 않았습니다. 아직 충분한 시간이 있습니다. 여러 번 묻는 말에 한 마디를 해주었습니다.

'사고에 있어서는 진보적이고, 생활에 있어서는 보수적인 것이 좋다고 생각한다.'

아이는 이런 말로 대꾸했습니다.

'아빠, 남에게는 진보적인 것이 좋고, 자기 자신에게는 보수적인 것이 좋지 않을까요?'

3. 2001년 5월 2일

우리 큰아이가 지난 4월 방학이 되었는데도 오지를 않고 있습니다. 제가 보고 싶어도 오지를 않으니 못 봅니다. 넉 달의 긴 방학인데 자기도 할 일이 많고, 또 자주 오는 것도 부담이 되는 모양입니다.

그런데다가 요즘엔 나 없는 데서 엄마와 통화하는 것으로 그냥 끝납니다.

그저 아버지란 돈만 대주면 그 이상은 필요 없는 존재 같습니다. 괜히 서운하더라고요. 아예 찾지도 않아요.

그래서 하루는 집에서 밥을 먹으면서 혼자 서운해 했습니다.

'요놈의 자식! 좀 크더니 이젠 아빠가 보고 싶지도 않은 모양이로구나!'

그러고 있는데 전화가 왔습니다. 누구한테서요? 아이한테서요! 뭔가 통하긴 통하나 봐요. 그래서 당장 서운한 말을 했습니다. 그랬더니 자기도 지금 아빠가 보고 싶어서 전화했다는 겁니다. 듣자하니 뭐 아양을 떠는 헛소리 같지는 않았습니다. 그래서 마음이 누그러졌습니다. 그리고

'방학 때 올래?'

그랬더니, 며칠 후에 전화가 다시 왔습니다. 비행기 표를 예약했다고요. 그런데 시즌이라 비행기 표가 너무 비싸서 한걱정을 하는 겁니다.

부담이 되는 비용이기는 하지만, 여러분, 부모의 마음은 어떻습니까? 그런 것을 따지지 않습니다. 나도 그렇게 무섭기만 한 아버지가 아닙니다. 알고 보면 부드러운 남자라니까요? 보고 싶고 주고 싶은 아버지의 심정을 아십니까?

4. 2001년 5월 27일

예전에 나를 처음 보는 사람들은 대체적으로 약한 사람으로 보았다. 그런데 요즘엔 강한 사람, 무서운 사람처럼 보이는 모양이다. 이것도 회개할 일이라고 생각한다. 아이가 집에 와서 이야기한다. 같이 어울리는 또래 아이들이 그런다고 한다.

'네 아버지는 집에서도 그렇게 무섭냐?'

또 같이 사는 아내가 집에 와서 이야기한다. 교인들이 자기에게 그런다는 것이다.

'사모님, 목사님하고 무서워서 어떻게 같이 산데요?'

'알고 보면 저도 부드러운 남자예요' 라는 어떤 광고 카피가 생각난다.

'나부남'(나도 부드러운 남자)이나 '나부녀'(나도 부드러운 여자)라는 말도 있다.

집에서 우리끼리 하는 말이 있다. 나는 '알다가도 모를 사람', 아내는 '속까지 다 들여다보이는 사람' 이라는 것이다. 또 한번은 아들이 그런다. 아빠는 두 얼굴의 사나이라는 것. 부정적이면서 긍정적이다. 상당히 비판적이면서도 은혜도 잘 받는다. 보수적이면서도 진보적이고, 진보적이면서도 때로는 상당히 보수적이다. 부드러우면서도 강인함이 있으니 약한 자 같으나 강하고, 강한 자 같으나 약하다. 도망간 사람의 심정을 아는가?

인간적인 정이 많다. 동정심이 많다. 그러면서도 때로는 냉혈동물처럼 차갑다. 냉철해 보인다. 가난하면서도 부요하다. 사치스러우면서도(고급) 검소한 면이 있다(근검절약). 세심하면서도 대범한 면도 있다. 성격이 급하면서도 느긋하다. 충청도 기질이 있다. 여기에 급한 이북기질도 섞여 있는 것일까? 젠틀하면서도 와일드하다. 거침없이 설교할 때 보면 야성적이다. 거친 말투에 대해 의아해하면서 물을 땐, 나보다 더한 사람도 있다고 하면 '목사님에게는 안 어울린다' 고 말하더라.

"우리는 속이는 사람 같으나 진실하고,
이름 없는 사람 같으나 유명하고,
죽는 사람 같으나 보십시오, 살아 있습니다.
징벌을 받는 사람 같으나 죽임을 당하는 데까지는 이르지 않고,
근심하는 사람 같으나 항상 기뻐하고,
가난한 사람 같으나 많은 사람을 부요하게 하고,
아무 것도 가지지 않은 사람 같으나
모든 것을 가진 사람입니다"(고후 6:8~10).

2 0 0 1년 1 0월

신비의 신호등

시편 84:1~12

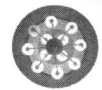

알베르 카뮈는 이런 질문을 던졌습니다.
'당신이 좋아하는 낱말 열 개는 무엇입니까?'
그렇다면 당신이 오늘 좋아하는 낱말 열 개만 골라 보십시오.
'내가 누구인가?' 라는 갑작스런 물음에 떠오르는 첫 번째 생각과 답변이 바로 그 사람인 것입니다. 자기가 가장 가치 있게 여기는 것, 가장 관계가 깊은 것입니다. 우리의 삶은 언제나 우리가 가장 많이 생각하는 것을 따라서 가도록 되어 있습니다.
그 단어는 곧 여러분 자신입니다.
그 단어 속에 여러분의 사명이 있습니다.
그 단어를 보면 여러분의 은사를 알 수 있습니다.
여러분은 그 많은 말과 사물 가운데 무엇이 가장 먼저 떠오릅니까?
죄송한데, 저는 제일 먼저 떠오르는 것이 '교회' 라는 단어입니다.

2001년 가을 어느 날이었습니다. 그러니까 아직 교회는 봉명동에 있고, 주택은 가경동 효성아파트에 있을 때입니다. 주일저녁 예배를 마치고 이것저것 정리하고 나니 11시가 넘었습니다. 아마 11시 반이 되어 가고 있었을 것입니다. 우리 교회를 지나 봉명동 사거리 쪽으로 향해 공단을 통과하여 서청주 톨게이트 쪽으로 가다가 좌회전하여 버스터미널 사거리를 통과해 가경동까지 가는 길로 들어섰습니다. 제가 집으로 갈 때 택하는 길은 두서너 코스가 됩니다. 그 날의 기분에 따라 이쪽으로도 가고 저쪽으로도 가는데, 그 날은 주일예배를 다 마치고 귀가하는 길이었기에 좀 한가롭게 돌아간 셈입니다.

그런데 놀라운 것은, 교회 뒷문에서 출발하여 가경동까지 단 한 번도 신호에 걸리지 않고 그냥 패스 패스하는 겁니다. 집에 다 와 가는데도 신호가 뚫려서 '어디 보자, 어디까지 가나' 싶어 지역난방공사까지 계속 갔는데도 한번도 안 걸렸습니다. 그러니 얼마나 빨리 갔겠습니까? 아마 한 7분?

며칠 후에 그 길에 있는 신호등이 몇 개나 되는지를 세어 보았습니다. 정식 신호등이 25개였고 노란불 점등이 1개여서 합 26개였습니다. 이 거리는 10.8km에다가 동화가든 앞까지 추가거리 920m, 그러니까 도로가 휘어지는 것과 건물까지 계산하여 약 1.2km 잡으면 합 12km의 거리입니다.

그래서 그 날 그 야밤에 은항골로 직행했습니다. 10분 정도 만에 새 성전 터에 도착한 것입니다. 물론 공사현장에는 그 밤에 아무도 없었습니다. 밤 11시 반이 넘어서였는데, 예배실 공사현장에 들어가서 기도하고 왔습니다. 하나님이 나에게 그 날 밤 그냥 그리로 가보라는 줄로 알고 뚫리는 신호를 따라갔던 것입니다.

여러분, 이 일이 얼마나 신기한 일인지는 직접 그 길을 달려 보면 압니다. 몇 번 신호에 걸리는지 현장에서 실험해 보십시오.

우리는 이 세상에서 교회를 가장 사랑합니다.
우리 다 함께 1절과 2절 말씀을 다시 한 번 읽읍시다.

"만군의 주님, 주님이 계신 곳이 얼마나 사랑스러운지요.
내 영혼이 주님의 궁전 뜰을 그리워하고 사모합니다.
내 마음도 이 몸도 살아 계신 하나님께 기쁨의 노래 부릅니다."

2002년 10월 20일

오랜 숙제, 종교부지 문제

예배당 준공이 나던 수요일 날 우리 교회에는 또 다른 중요한 일이 있었다. 오후 3시에 준공이 났는데, 바로 두세 시간 전인 점심때쯤, 연회본부에서는 한창 본부이전 건에 관한 연회실행위원회가 열리고 있었다. 그리고 이 자리에서 공식적으로 우리가 받아 놓은 죽림동 가경4지구 내에 있는 종교부지 1,400여 평에 감리교회의 연회센터 및 기독교사회관을 짓기로 결의하였다. 그 전까지는 비공식적으로 준비해 온 것이고, 이날 공식적으로 처음 논의되고 또 결의가 된 것이다. 그 자리에 아펜젤러 기념건물을 짓기로 했다.

늘 마음에 큰 짐처럼 여겨지는 것이 바로 종교부지에 대한 숙제였다. 마치 학교 다닐 때 숙제를 하지 않아 그 부담 때문에 마음 놓고 놀지 못하는 것과 같았다. 겉으로는 마구 뛰어다니고 있지만, 사실은 문득문득 그 숙제 때문에 신경이 쓰이는 것이다. 숙제를 다 해놓고 나서 놀면 아무런 부담이 없지 않은가? 이 일은 과연 큰 숙제였다.

우리 교회는 1995년 봄에 가경동 아주 좋은 자리에 3천 평의 땅을 샀다. 그리고 몇 달에 걸쳐서 설계를 하고 허가를 득하기 위해 시에 서류를 넣었다. 그런데 이때 벌써 그 지역 개발을 위한 고시를 준비하고 있다는 것이다. 시에서는 개발자인 주택공사와 함께 우리의 허가를 막고 있었다. 방해가 심했다. 그러나 우리는 법적인 하자가 없었다.

어렵사리 허가는 받았지만, 도청의 고위 책임자들과 면담을 하고, 시청에 들어가 각서를 써야 하는 과정을 겪었다. 이리하여 그 당시 가경동 4지구택지와 터미널 건너편의 묶인 땅에는 단지 우리 좋은교회와 하나병원만이 허가가 났다.

그리고 우리는 건설회사와 계약을 체결하고 공사도 시작하였다. 1,509평의 건물 - 예배당과 교육시설까지 함께 붙여서 지으려 했던 것이다. 그러나 주택공사 측은 우리의 공사를 끊임없이 방해했다. 우리가 짓기 시작한 부지가 개발에 아주 큰 걸림돌이 될 만큼 요지였기 때문이다. 뿐만 아니라 인근 주민들이 가세했다. 교회건축으로 자기들 땅까지 개발에 수용되지 않고 제척이 되면, 보상을 받기 위해 기다려 온 자신들의 기대에 미치지 못한다는 생각에서였다. 아무리 설득하고 법적으로 대응하여도 쉽게 물러서지 않았다. 주택공사는 뒤에서 주민들을 부추겼다. 후일 저들이 실토하여 그 사실을 알게 되었다.

물론 우리가 끝까지 싸우면 된다는 사실을 감지했다. 우리는 아무런 법적 하자가 없었고, 정당하게 건축행위를 하고 있었기 때문이다. 건축담당 고위 책임자마저 아무 염려하지 말고 밀고 나가면 된다고도 했다. 어느 날은 어떤 공식적인 자리에서 그분을 만났더니
'목사님, 왜 빨리 안 하시는 겁니까? 아무 문제없습니다.'
하면서 용기를 북돋워주었다.
하지만 나는 그때 많은 생각을 하였다. 과연 밀고 나가는 것만이 믿음인가 하는 점이었다. 혹시 하나님이 막으시는 것이 아닌가 하는 생각을 하게 된 것이다. 게다가 그 당시 끝까지 밀고 나가면서 일을 추진하시던 목사님이 많은 어려움을 겪는 것을 지켜보았다. 나는 그분만큼 그렇게 싸울 자신이 없었다.
물론 수차례 주민들과 만나 설득도 협의도 해보았다. 쉽지 않았다. 굴삭

기로 땅을 파기 시작했다. 사람들이 몰려와 방해를 하였다. 길을 막았다. 통행방해금지가처분신청도 했다. 결국 나는 하나님의 뜻이 무엇인지를 찾기로 결심했다. 그리고 주공 측과 협상을 벌였다.

어느 날 그들이 우리 교회를 찾아왔다. 그때 나는 간단하게 말했다. 3천 평의 땅을 흡수하는 대신 그 절반에 해당하는 종교부지 1,500평을 주면 응하겠노라고 했다. 그러나 그들은 그 후에 400평 500평 700평 얘기를 했다. 얼마나 화가 났는지 모른다. 그래서 많이 싸웠다. 우리는 비슷한 상황에 있던 서남교회와 협력하여 공동노력을 했다. 국회에까지 갔다. 분당의 주공 본사 책임자와도 직접 대면했다.

그 후 서남교회는 우리에게 모든 것을 위임하고 그 전선에서 물러섰다. 그리고 우리 교회 단독으로 그곳에 종교부지를 받기에 이르렀다. 1,400여 평이라는 부지는 주택공사 사상 최고치였다. 개신교회에 지금까지 분양한 최고치는 대전의 580여 평이라고 했다. 두 배가 훨씬 넘는 부지를 우리에게 주기로 한 이유는, 첫째는 우리가 갖고 있었던 기득권 때문이었다. 그러니까 우리 지역을 빼놓고 개발을 하다 보면 비용이 엄청나게 든다는 것이 주공 측의 설명이었다. 또 다른 하나는 주공 측이 우리 교회의 교세를 인정한 것이다. 천주교의 경우는 1,200평까지 준 적이 있다고 했다. 교세와 분양부지를 함께 고려하는 것이 그들의 입장이었다.

결국 그 3천 평의 성전부지는 개발을 하지 않고 주공으로부터 보상을 받았다(1999. 7.). 그러나 그 돈을 그대로 쥐고 4~5년(1999년 7월부터 2004년 봄까지)을 기다리기에는 너무 시간이 없었다. 이미 우리 교회는 포화상태였기 때문이다. 그래서 3년 전(1999년 가을부터)에 그 돈으로 오늘의 부지를 매입한 것이다. 분양예정인 종교부지에 대한 대금지불은 수년 후의 일이기 때문이다. 그리고 우리는 이미 은항골에 예배당을 완공하였다. 그리고 바로 이 달(2002

년 10월)이 종교부지에 대한 계약금을 내기로 되어 있던 달이다.

　물론 그 종교부지를 포기하면 그만이다. 하지만 그 부지를 확보하기까지 고생한 일이 너무 억울하다. 그리고 그 부지도 퍽 좋은 곳이다. 35m 제2차순환도로 변에 위치하고, 또 옆으로 25m 도로가 지나가기 때문에 무척이나 잘 보이는 개발지구 내의 반듯한 택지이다. 게다가 그만한 종교부지는 지금까지 없었다(주공 분양의 경우). 비슷한 평수도 없었다.

　그리고 만일 우리가 분양받지 않으면 어쩌면 다른 교파 혹은 다른 종파의 종교시설물이 들어올 수도 있다. 게다가 이단이나 사이비가 차지한다면 우리가 어떻게 참을 수 있겠는가?

　우선 당장은 아무 돈이 들어가지 않으므로 그 동안 줄곧 기다려 왔다. 물론 아무런 대책도 없었다. 이미 받은 보상금은 은항골 1만 평의 대지구입비로도 부족했다. 그리고 우리가 그 동안 예배당을 건축했잖은가? 무슨 여분의 돈이 있겠는가? 게다가 근래에 기도동산 건축까지 했기 때문에 그럴 여유가 없었다.

　자, 시간은 다가오고 있었다. 무슨 시간인가? 2002년 10월이다. 우리 교회를 위해 따로 마련해 놓은 종교부지를 매입할 시점이 다가오고 있었던 것이다. 한번은 주공의 실무자와 전화 통화를 했다. 우리 교회가 그 자리가 아닌 다른 곳에다가 교회를 짓는다는 소리를 들은 모양이었다.

　'목사님, 그러면 우리가 드리는 종교부지는 어떻게 되는 겁니까? 받으실 겁니까, 포기하시는 겁니까?'

　그때 뭐라고 대답해야 할지 잠시 속으로는 망설였다. 그러나 겉으로는 태연한 척했다. 그리고 호언장담을 했다.

　'걱정하지 마세요. 당연히 저희가 받을 겁니다.'

　실제로는 아무런 대책도 없으면서, 그렇게 자신만만하게 대답했다.

　그리고 또 시간이 흘렀다. 이미 가경4지구 내에는 아파트들이 부쩍부쩍

들어서고 있다. 우리 종교부지에도 흙이 부어지면서 정지작업이 되어 가는 것을 보고 있다. 바로 우리 교회에서 1km 떨어진 지점이다. 큰길로 나가면 바로 그 앞이다. 지금은 삼거리로 되어 있지만, 그 자리는 사거리가 된다. 그 사거리 코너이다. 기독교방송을 홍보하는 글귀와 함께 적은 우리 교회 간판 바로 건너편이다.

이제 결단의 순간이다. 다시 주공에서 연락이 왔다. 그 부지를 구매하려면 신청서류를 작성해 달라는 것이었다. 그때까지도 아무런 대책이 없었다. 어림잡아서 24억 원이 들어간다. 단지 땅값만 그렇다. 그래서 혼자서 수도 없이 생각했다. 기도원과 바꿀까? '좋은동산'을 팔아서 그 대지를 마련할까 싶기도 했다. 그러나 동산에 가서 그런 마음으로 쳐다보면 너무 아까웠다. 너무 억울한 생각이 들었다. 우리가 그 동안 동산을 건축하기 위해 흘렸던 땀과 눈물이 얼마나 많은지 모른다. 그러나 아무런 대책 없이 시간이 흐르고 있기에 초조해지는 마음도 들었던 것이 사실이다. 누구에게 이런 말을 할 수 있을까?

'땅만 사고 건축만 한다'는 소리가 뒤에서 들리는 것 같았다. 이미 하고 있는 일만도 작은 일이 아니고, 지금도 계속 짓고 있는 건물이 있는데, 거기다가 또 그 큰 종교부지에 뭘 짓는다는 얘기가 통할 것 같지가 않았다. 혹 부채가 전혀 없다면 좀 대출받아 모험을 해볼 만도 하겠다. 그러나 사정이 그렇지 않았다. 그래서 우리 기도원을 매각할 생각도 있었다. 그래서 조심스럽게 타진을 해본 적도 있음을 고백해야 할 것 같다.

그런데 한번은 우리 기도원이 팔린다는 소문이 났다는 것이다. 심지어 대전의 모 교회 장로님이 그런다.
'좋은교회 기도원이 어려워서 넘어간다는 말이 있던데, 사실입니까?'
그 말을 듣고 화가 났다. 경매 처분될 정도로 어려운 적은 없기 때문이다.

그러나 겉으로 화를 낼 수는 없었다.

'장로님, 우리 기도원, 그런 적 없습니다. 짓는 과정에 건축허가 건으로 어려운 적은 있었지만, 재정적으로 그렇게 어려운 적은 전혀 없습니다.'

완강하게 부인했다. 정말 우리는 그런 적이 없다. 지금도 우리 기도원은 잘 운영되고 있다. 다른 많은 기도원들이, 대형이든 소형이든 거의 대부분이 적자라는데, 우리는 그렇지 않다. 2~3년 전부터 흑자로 들어섰다.

그러나 그거라도 팔지 않으면 이 종교부지를 받을 방법이 없었다. 그래서 아주 조심스럽게 몇 곳에 간접적으로 말을 건네 본 적은 있다. 그리고 개인적으로 간혹 교인들에게 물어보았다.

'우리 기도원 팔면 어떨까요?'

교인들이 우리 기도원에 대해 별로 애착심이 없는 것이 아닌가 하는 생각도 했기 때문이다. 그러나 우리가 빚을 정리하고 나서 다시 그런 기도원이 필요할 때 지금과 같은 기도원을 찾을 수 없지 않은가? 이런저런 생각을 문득문득 했던 것은 사실이지만, 결코 그럴 수는 없었다.

그럼에도 여전히 그런 생각이라도 남아 있었던 것은 바로 이 종교부지에 대한 걱정 때문이었다. 결국은 둘 중에 하나는 놓아야 했다. 그렇다고 아무 거나 놔버릴 수는 없었다. 5월 말까지 분양을 신청하라는 통보가 왔다. 방법은 없었지만, 가는 데까지 가겠다고 맘을 먹었다. 하나님께서 우리에게 주신 이유가 있지 않겠는가 생각했다.

우리의 모든 재산이 감리교회유지재단 명의로 되어 있으므로 역시 재단 이름으로 신청했다. 그것이 지난 6월 7일이었다. 이제 곧 계약금을 내야 할 날짜가 다가온다. 그러나 여전히 그 어떤 방법도 없었다. 마치 시한부 인생을 사는 것처럼 하루하루 날짜 가는 것이 나를 죄어 오는 듯했다.

이제 정식으로 분양신청까지 하였는데, 그러다가 만일 중도에 포기하게 된다면 얼마나 창피한가? 그 동안 주공 측과 더 많은 땅을 주지 않는다고 격론을 벌였는데, 이제 와서 다 포기하면 주공도 입장이 곤란해질 것이다. 몇 차례에 걸쳐 시와 도와 건설부 등의 허가를 득하여 종교부지로 이미 확정된 상태에서 포기를 하면 그들도 매우 곤란해질 것이다.

그 후 이야기

바로 그때쯤입니다. 연회 감독님이 저를 찾았습니다. 그 동안 몇 차례 우리 은항골 내에다가 충북연회본부를 유치하는 건 등을 사사롭게 말한 적이 있습니다. 그리고 이 종교부지에 대한 얘기도 나누었습니다. 그러니까 우리가 정식으로 분양신청서류를 넣고 난 바로 사흘 후입니다. 본부에서 지원을 받을 수 있는 기미가 보이니 우리 기도하면서 노력해 보자고 했습니다.

우리는 이 일을 위해 감독회장님을 모셔 내렸습니다. 현장을 답사하기 위함이었습니다. 그 이후 어려운 산고 끝에 감리회본부 이사회에서 6억 가량의 지원을 약속 받았습니다. 그리고 이 달의 이사회의는 현장 방문을 목적으로 바로 지난 금요일에 우리 교회에서 한 것입니다.

이사회의를 이렇게 지방 개교회에서 연 경우는 아마도 없을 것입니다. 아주 특이한 경우인 것입니다. 9개 연회에서 각각 두 명씩 대표가 왔습니다. 현장에서 제가 설명을 했습니다. 그리고 또 다시 이번 회의에서 12억에서 14~15억 정도에 해당하는 본부지원금을 내년에 우리 연회에 지원하기로 결의를 하였습니다. 이리하여 지난달 결의된 것과 합쳐 약 20억 원을 확보한 것입니다.

저는 이 자리에 사회를 위한 선교 및 문화 복지 사회 봉사 센터를 지으려고 계획했습니다. 그러기에 매우 적합한 땅이라고 생각하기 때문입니다. 무척 잘 보이고, 교통도 좋고, 주변상황도 마땅하기 때문입니다. 그런데 반드시 우리 교회가 혼자서 그 일을 다 해야만 하는 것은 아닙니다. 도리어 이렇게 우리 감리교회가 연회를 중심으로 하면 훨씬 더 큰 효과를 볼 수 있을 것입니다. 게다가 우리 교회와의 거리가 불과 1km밖에 안 되기 때문에 사실상 우리 교회가 운영하는 것이나 다름없습니다.

    기독교서점 등 마켓류, 연회가 운영하는 복지관, 청년관과 웨딩홀, 연회본부를 비롯한 기독교기관과 선교센터 등 사회를 향한 사업을 위해 사용할 것입니다. 적당한 위치에 커피숍도 들어서면 좋겠죠. 그리고 대강당을 세울 수가 있습니다. 그러면 4천 석 이상 가는 채플을 만들 수가 있어서 웬만한 대형집회를 바로 이 자리에서 할 수 있습니다. 문화공간으로, 선교의 장으로 사용하기에 얼마나 좋겠습니까? 그야말로 충북연회의 중심이 되며, 청주시 기독교의 센터가 되는 것입니다.

    하나님의 역사는 무에서 유를 창조해 내시는 역사입니다. 정말 아무것도 없었습니다. 손에 쥔 것은 아무것도 없었습니다. 다만 작은 겨자씨 같은 믿음이 있을 뿐이었습니다. 그러나 하나님은 그 겨자씨만한 믿음일지라도 산이 옮겨지는 역사를 나타내시는 것입니다. 하나님의 창조의 역사는 말씀에 의한 창조였습니다. 말한 대로 되는 것입니다. 우리가 믿음으로 선포하였고, 우리 하나님은 그 믿음의 선포를 성취시켜 주셨습니다.

    하나님의 계획은 정말 철저하십니다. 저는 그 일을 해오면서 하나님의 철저한 역사하심을 보았습니다. 보십시오. 연회와 본부가 결정한 달이 바로 2002년 10월 아닙니까? 이번에 결의한 감독회장님이나 이사회원들의 임기가 이제 곧 끝나거든요. 총회가 다음 주간인 것 아십니까? 하나님께서는 왜 한날한시에 예배당 준공과 종교부지에 대한 결정을 하게 하셨는지 퍽 궁금합니다. 어떤 일을 끝마치기 바로 직전에 또 다른 일감을 우리에게 허락하시면서 준공이 났습니다. 놀라운 일입니다.

    지난 수요일 연회에서 실행부위원회가 열렸을 때 혹자가 일어나서 발언을 하였습니다.

'우리가 이렇게 엄청난 일을 벌이는데, 이러다가 안 되기라도 하면 돈은 다 날리고 누가 책임질 겁니까?'

저는 하는 수없이 일어나서 발언을 했습니다.

'여러분, 만일 여러분의 생각대로 이 종교부지에 꼭 연회본부를 짓지 않는다 해도 이미 이 부지를 언급하면서 이미 지난달에 6억을 받아냈' 않습니까? 하다가 만다 해도 이미 그만큼 유익이 된 셈 아닙니까?

여러분들이 이 부지에 연회본부를 옮기지 않아도 됩니다. 그때는 우리 교회가 맡으면 됩니다. 우리 교회가 이미 벌여 놓은 일이 많아서 부담이 커서 그렇지, 연회가 하지 않으면 우리가 할 겁니다. 정 안 되면 저희 기도원을 매각해서라도 하면 됩니다. 그러니까 하다가 돈을 날릴 염려는 하지 마십시오. 그때는 우리가 다 맡고 그 돈을 그대로 돌려드리겠습니다.

그리고 여러분, 저는 그렇게 생각합니다. 하나님께서 이 부지를 주신 것은 반드시 어떤 뜻이 있을 것이라는 작은 믿음이 있습니다. 우리가 어떤 큰일을 하려고 하면서 그만한 작은 믿음도 없으면 되겠습니까?'

회의가 끝나고 어느 유력한 목사님이 내 곁으로 다가오더니 이렇게 말했습니다.

'한 감리사님, 정말 그 말 때문에 안심이 됩니다.'

"네가 왕후의 위를 얻은 것이 이때를 위함이 아닌지 누가 아느냐?"(에 4:14)

이번 일로 또 한 가지 느끼는 것은, 하나님께서 바로 이때에 나를 감리사가 되게 하신 이유가 있었구나 하는 것입니다. 연회에서의 역할을 나름대로 하고 있었던 때이기 때문에 더욱 탄력을 받을 수 있었습니다. 우선 연회실행부위원이 된 것이 그러하고, 감독과 연회 총무 등 임원들과 가깝게 지내면서 논의하는 통로도 열려 있었다고 할 수 있습니다.

감리사를 하지 않으려고 몸부림쳤는데, 남보다 더 오래 하고 있고 그 기간에 이런 아주 중요한 일을 맞이하였던 것입니다.

우리는 그 날 건축위원회를 조직하기로 결의하였습니다. 그리고 이틀이 지나 바로 그저께 우리 교회에서 열린 이사회에서 14억 원에 이르는 또 다른 지원을 충북연회 바로 이 부지를 위해 결정하였습니다. 놀라운 하나님의 역사입니다.

또 다시 그 후 이야기

그 이후의 이야기를 또 써야 할 것 같다.

어차피 다 쓰지 못하니 결과만 적어 놓을 수밖에 없다.

결국은 모든 것이 다시 원점으로 돌아가고, 충북연회는 이 종교부지와 아무런 상관이 없게 되었다. 그러나 이 부지는 감리교회 본부 재산으로 편입되어 안정적으로 관리하고 있다.

앞으로 어떻게 하나님께서 사용하실지 누구도 예견할 수 없다. 그러나 여기까지 오게 하신 하나님께서, 이 땅을 향해 오묘한 뜻을 두고 계시리라 믿는다.

그 때와 시기와 방법과 구체적인 사안은 아버지의 권한이므로, 우리는 다만 그 어느 날이 이르기까지 순종하며 기다릴 뿐이다.

비록 우리의 희망대로 되지는 않았을지라도, 지금까지 나를 사용해 주신 것만으로도 충분히 감사할 수 있지 않을까?

2004년 12월 21일

성탄에 들려온 천상의 소리

한 목사님
바쁘게만 살지 말고
여기 천상의 종소리 좀 들어보게나.
내가 통역해 줄게. 하나님 말씀하시되,

"한 목사야,
 세상에 믿고 맡길 사람은 너밖에 없구나.
 고맙다. 새해에도 건강의 축복도 줄 테니
 성령 충만하여 내 영광을 나타내다오."

여기까지 통역했으니 계속 네가 직접 통역해.

늘 고마운 친구, 가까운 친구, 존경하는 친구
(신세만 진 친구가 성탄의 소식을 전하네)

4천여 통의 편지 중에서 끄집어낸 성탄카드이다. 끝에다가 이름을 쓰지 않아 누군지 모르겠네? 이름을 써야 하나 말아야 하나? 아무리 봐도 그 친구밖에 이렇게 쓸 사람이 없다. 그는 나의 좋은 친구 조은호 목사이다.

2006년 3월 19일

떠오르는 당신

우리 일행이 묵은 곳은 사해(DEAD SEA) 변의 Gardens Hotel이다. 내 방 618호는 전망이 좋았다. 동쪽으로 사해바다가 한눈에 들어왔다. 그리고 저 건너편 모압의 고산지대는 사해의 아름다움을 뒷받침해주는 듯싶었다.

떠오르는 아침 햇살이 너무나 감격스러워 시 한 편을 그 자리에서 만들었다. 모처럼 시상이 떠오른 것이다. 떠오르는 태양을 바라보면서 세 단락의 시를 썼다. 이 방에다 한글로 써서 붙여 놓고 싶은 충동이 생긴다. 후에 한국에서 온 성지순례객 중 누군가가 이 시를 적은 보드를 보게 될 것이 아닌가? 주일 아침이다. 거룩한 날이다. 이 시를 오늘 아침 예배시간에 교우들과 나누어야겠다.

어제 새벽은 시내 산에서 맞이하고, 오늘은 사해바다에서 맞는구나. 시내 산은 해발 2285m이고, 사해는 -396m이니, 고차가 2681m나 난다. 어제 시내 산에서는 해가 5시 50분경 떠올랐는데, 오늘은 지대도 낮고 사해 동쪽의 고원지대 때문에 6시경에 모습을 보여준다.

"떠오르는 당신"

어제 시내 산에서 떠오른 네가
오늘은 낮은 바다에서 떠오르는구나
어제는 너의 열기가
온 산의 바윗덩이를 빵으로 굽더니
오늘은 소금물을 덥히는구나
어젯밤 식었던 돌멩이를 달구고
낮아진 물의 온도를 높이려는
너는 누구냐?

식어 가는 것을 용납하지 아니하고
어둠을 몰아내며 온 하늘을 휘저어 가는
그것으로 족하지 않아
이 아침에는
저 호수 물에도 너를 담가 놓았기에
잠자리에서 일어난 친구들이
너도나도 옷을 벗어 던진 채
물속에 뛰어드는구나!

파아란 하늘도 조용하고 호수의 물도 고요하건만
그 하늘과 물을 바라보는 가슴에는
쿵덕대는 소리가 들려옴은 어찜인가
라오디게아의 미지근함에서 오순절의 열기로 회복되고
소금 기둥과 맛 잃은 소금을 거부하며
은혜의 바다로 뛰어들라는
거룩한 날 아침의 소리는
의의 빛, 당신의 음성이시리

2006년 5월 22일

충북연회본부 건축

1. 2003년 12월 20일
   인쇄소 땅을 계약하던 시간

'삼오인쇄소'라는 이름이 우리 교회와 무슨 연관이 있는지 먼 훗날에는 사람들이 거의 알지 못할 것이다. 이는 우리 옆에 들어와 우리랑 2년여를 함께 보낸 공장의 상호이다. 그들이 이 땅에 들어온 것은 개발이 시작되던 시점은 아니었다. 다른 공장이 그 자리에 있다가 매각하고 떠나면서 후발주자로 들어온 업체이다.

그런데 이 공장이 바로 우리 은항골 골짜기의 초입에 우뚝 서 있기 때문에 외부에서 이곳으로 들어오기 위해서는 우선 그 건물부터 보게 되는 것이다. 은항골의 콧잔등이랄 수 있지 않은가? 게다가 건물이 경량철골구조물인 데다가 외부 색깔마저도 가볍고 볼품없어서 그야말로 분위기를 구겼던 것이 사실이다. 나는 이 문제로 오랫동안 기도했다. 그 건물이 눈엣가시처럼 여겨지기도 했다.

지금 이 시간 실무진이 가서 계약중이다. 그간 많은 사연이 있었다. 숱하게 고민도 했다. 기도도 여느 때 못지않게 했다. 그리고 하나님의 뜻인지를 알기 위해 여러 차례 머뭇거리기도 했다. 이만하면 하나님께서 허락하시는 줄로 여기고 이제는 실행에 옮기겠다. 아직도 내 발걸음은 멈칫거리지만, 그래도 하나님이 역사하실 것이라는 믿음을 가지고 해보겠다.

도대체 하나님께서 내년에는 또 얼마나 크게 우리에게 복을 주시려고 그러시는지 모르겠다. 이것저것 마구 터진다. 정말 어쩔 수 없이 나도 끌려가고 있다. 이 정도로 끌어가시는 하나님의 손길에 의아할 따름이다. 이 시간도 주님의 역사임을 다시 한 번 고백하련다. 그리고 나머지 숙제들도 그분이 하실 것이라는 사실을 믿고 싶다. 그렇다. 주님이 하고 계시고, 주님이 또 앞으로도 하실 것이다. 따라서 친히 역사하시는 주님이 영광을 받으시리라.

아버지, 감사합니다.

2. 2005년 7월 24일
연회본부 부지 기증
창립 20주년 기념 예배 및 성전봉헌일

군목으로 입대하고 첫 부임지에 갔을 때 몇 만 원짜리 사진기를 부대에서 샀습니다. 3개월 할부로 구입해서 한 달에 몇 만 원씩 내기로 했습니다. 사실 좋은 카메라는 아니었지만, 그래도 제게 카메라가 생겼다는 것만으로도 매우 기뻤습니다.

그런데 딱 필름 한 통을 찍고는 시외버스를 타고 가다가 차 안에서 그만 잃어버렸습니다. 누가 가져간 것입니다. 매우 섭섭했습니다. 24년 전의 일입니다. 2년쯤 지난 후 아주 큰맘을 먹고 좋은 카메라를 샀습니다. 여윳돈이 전혀 없는데 처가에서 생활비로 쓰라고 어쩌다 준 돈으로 미친 짓을 했습니다. 그거 사고 원망 많이 들었습니다. 그 당시 40만 원은 결코 적은 돈이 아니었습니다. 하지만 그 카메라를 얼마나 잘 써먹었는지 모릅니다. 지금은 생산이 중단되었지만, 지금 중고로 팔아도 60~70만 원은 받는다고 들었습니다.

그런데 세월이 바뀌어 이제는 디지털카메라가 대세입니다. 저는 아직도 필카 수동으로 사진을 찍는데, 이게 컴퓨터 시대에는 잘 맞지 않는 것 같습니다. 아무래도 하나 사야겠다고 마음먹은 지도 몇 년이 흘렀습니다. 웬만한 사람들이 다 디카를 들고 다니는데, 저만 그 묵직한 필카를 고집하는 것 같습니다.

  교회에서도 영상작업을 하려면 디카가 나아보였습니다. 그리고 이제 곧 80명에 가까운 우리 젊은이들이 미국여행을 가게 됩니다. 그래서 이래저래 이제는 살 때가 되었다 싶어서 용기를 내어 일을 저질렀습니다. 제가 카메라를 좋은 거 샀다는데 여러분은 샘이 납니까? 왜 얼굴이 축하해주는 얼굴이 아닙니까? 123만원 주고 샀습니다. 그 정도면 좋은 편에 속합니다.

  그런데 앞서 말한 대로 사실은 꼭 제가 쓰려고 산 것만은 아닙니다. 이미 교회 사무실에서도 디카 타령을 수도 없이 했습니다. 행사 때나 무슨 일이 있을 때마다 마땅한 디카가 없어서 유감이었습니다. 또 한편으로는 제 아들 녀석이 늘 그걸 갖고 싶어 했습니다. 이젠 제법 활용할 수 있는 나이도 되었습니다. 그래서 이래저래 잘 쓸 수 있을 것 같습니다.

  그런데 앞뒤 생각하지 않고 사기는 했는데, 어떤 돈으로 산 것으로 할지, 그리고 누구 것으로 할지 아직도 망설이고 있습니다. 교회 비품으로 할까, 아니면 개인 소지품으로 할까? 아들도 부러워하는 눈치인데 어떻게 할까? 고민이 되었습니다. 모두가 공동으로 쓰는 것도 문제가 있습니다. 기계라는 것이 이 사람 저 사람 쓰다 보면 금방 망가지기도 하고, 또 분실의 위험도 크지 않습니까?

  하지만 또 예전처럼 제가 미친 듯이 사진을 자주 찍지는 않습니다. 가끔 쓰고 싶을 때가 있을 뿐입니다. 물론 사진을 꽤 좋아하는 편이기는 합니다.

  자, 이걸 어떻게 할까? 만일 아들에게 쓰라고 준다면 제가 쓰고 싶을 때 마음대로 쓰지 못할 것 같았습니다. 그래서 고민이 되었다는 말입니다. 자, 보십시오. 아들아이가 어디 가서 꼭 써야 할 때가 있다고 하면, 설사 같은 기간에 내게도 써야 할 일이 생긴다고 해도 저는 꼼짝없이 바라만 보아야 합니다. 그러니 주기로 한다면 분명한 조건을 붙이고 약속을 받아내야겠다 싶더

란 말입니다. 분명 내가 주었는데도, 그 자식은 이제 자기 거라며 손도 못 대
게 하면 얼마나 섭섭하겠습니까? 그래서라도 못 주겠습니다.

제가 지금 무슨 소리를 하려고 이렇게 길게 말하는 것일까요? 하나님께서
도 우리에게 큰 선물을 주셨습니다. 아주 큰 선물입니다. 우리가 새 성전을
짓기로 하고 선포를 했던 당시에는 건축비를 50억 원 정도로 잡았습니다. 그
런데 금번에 모든 건축재정을 정산하고 보니, 오늘 유인물에 적은 대로 123
억 원에 달합니다. 부지구입비가 36억 원, 건축비가 87억 원에 이릅니다. 그
동안 덤으로 주신 기도동산의 30억까지 치면 150억 원에 이릅니다. 정말 엄
두도 내지 못할 일이었습니다. 아직 남은 대출금이 있기는 하지만, 그것 또한
하나님께서 시간이 지나면서 해결해주실 것을 믿습니다.

자, 무슨 소리입니까? 하나님께서 이렇게 커다란 선물을 주셨는데, 이젠
우리가 받았으니 아주 우리 거라며 하나님 아버지는 만지지도 못하게 하면
어떻게 되겠습니까?

저는 요 며칠 이 점을 가지고 묵상했습니다.

'하나님이 우리에게 주신 것임을 분명히 알아야 한다. 그리고 앞으로도
영원히 하나님의 것임을 잊지 말아야 한다. 이미 우리에게 주신 거니까 우리
것이 아니냐고 무의식적으로 생각한다면, 아버지의 마음이 섭섭하실 것이다.
분명 우리에게 주신 것은 사실이지만, 그럼에도 영원히 이것은 주님의 것이
다.'

보십시오. 저와 여러분의 생명이 누구의 것입니까? 제 생명은 제 것이고,
여러분의 생명은 여러분의 것입니다. 왜 그렇습니까? 하나님이 우리에게 주
신 것이기 때문입니다. 그렇지만 하나님께서 거두어 가시면 또 꼼짝없이 반
납해야 하는 것이 우리의 생명 아닙니까? 제 생명이 제 것이라고 우길 수 있
습니까? 여러분의 생명이 여러분의 것이라고 어느 때까지 고집할 수 있습니

까? 오늘이라도 당장 내놓으라시면 내놓아야만 합니다.

'아들아, 내가 오늘은 카메라를 좀 써야겠다. 가져오너라.'

'아버지, 오늘만은 안 됩니다. 학교에서 축제가 있는데 꼭 써야 합니다. 이미 다 잡혀 있는 스케줄입니다. 이거 없으면 안 됩니다. 아버지가 좀 어디서 빌려서 쓰세요!'

그럴까 봐 우리 아들에게 못 주겠다는 겁니다.

여러분, 여러분의 건강이 여러분의 것입니까? 그렇습니다. 하나님께서 여러분에게 건강을 주셨습니다. 하나님께서 여러분에게 물질도 주셨습니다. 자식도 주시고, 명예도 주시고, 사랑도 지식도 재능도 주셨습니다. 하지만 언제고 하나님이 돌려달라고 하시면 그 순간 돌려드려야 하는 것입니다.

건강도 순식간에 무너질 수 있습니다. 높이 쌓여 있던 재산도 날아가려면 하루아침에 사라져 버리는 것입니다. 자식도 여러분 곁을 얼마든지 떠나갈 수 있습니다. 그 높은 자리에서도 추풍낙엽처럼 떨어질 수 있습니다. 똑똑한 것이 아무런 소용이 없는 때가 올 수도 있는 것입니다. 무슨 뜻입니까? 분명히 하나님이 주신 것이지만, 하나님이 필요로 하시면 그 순간 그대로 순종해야 하는 것이라는 말입니다.

며칠 전 사석에서 누가 그래요. 금번 창립 20주년 기념주일에 생일을 맞은 사람들에게 선물을 주자고요. 누구누구가 생일인데 예배시간에 앞으로 나오게 해서 주자는 겁니다. 좋은 생각이에요. 하지만 제가 안 된다고 했습니다. 가만히 듣고 생각해 보니, 오늘이 제 아들 생일이기 때문이었습니다. 그러면 사람들이 어떻게 생각하겠습니까? '목사가 자기 자식 선물 주려고 그런 안 하던 이벤트를 기획했다' 그럴 거 아니겠습니까?

그래서 제가 오늘 이 바쁜 중에 제 아들 생일을 기억하게 되었습니다. 작년에는 까맣게 잊어버렸거든요. 아들 녀석이 오더니 '아버지!' 하고 불렀어요. 그런데 '왜? 바쁘다' 그랬더니 '알았어요, 갈게요' 했는데, 나중에 들으니 그래도 혹시 아버지가 자기 생일 기억하고 얼굴 보여드리면 축하한다는 인사 한 마디 해주실까 했는데, 전혀 눈치 채지 못하더라는 겁니다. 그런데 올해는 제가 이렇게 해서 기억하게 되었습니다.

그래서 제가 용기를 냈습니다. 하나님 아버지께서 저한테 이렇게 선물을 주셨는데, 저도 아들에게 선물을 주고 싶어졌습니다. 특히 오늘 예배시간 첫머리에 영상을 보았는데, 사무실의 허정민 선생이 애써 만든 것입니다. 그런데 제 아들 녀석도 거들었습니다. 요 며칠 잠도 안 자 가면서 20년 역사자료를 뒤지더니 뭐 자기가 PD나 된 것처럼 뛰어다녀요. 그래서 생일 겸 이제 이런 거 하나 주면 앞으로 더 잘 만들 거 같아서 이번에 산 디카를 아들에게 주려고 합니다.

그리고 가만히 혼자 생각해 보았습니다. 참 이상합니다. 하나님께서 저와 우리 교회에 주신 선물이 123억 원인데, 제가 아들에게 오늘 주려고 하는 디카는 123만 원짜리입니다. 123만 원과 123억 원은 꼭 1만 배 차이입니다. 하나님은 제가 아들에게 주고자 하는 선물의 1만 배를 저에게 주셨고, 저는 아들에게 하나님이 제게 주신 것의 1만분의 1을 표현하게 된 것입니다.

제가 깨달은 바는 이것입니다. 하나님이 주셨다는 겁니다. 그리고 영원히 하나님의 것이라는 사실입니다. 언젠가 아들이 사진기를 빌려주지 않으면 매우 섭섭할 것입니다. 어쩌다 그런 날이 온다면 제가 오늘 아들에게 선물 준 것을 후회할 수도 있을 것입니다.

하나님의 마음이 꼭 이럴 것 같다는 생각을 요 며칠 했습니다. 하나님이 우리에게 주신 거니까 우리 거라고 고집해서는 안 됩니다. 하나님이 은혜로 거저 주신 것을 언제고 달라고 하시면 드려야 한다는 말입니다.

금번에 학생 청년들이 미국에 가면 로버트 슐러 목사가 담임하는 그 유명한 가든그로브교회, 일명 수정교회를 방문할 것입니다. 예배시간에는 참석하지 못하고 교회만 둘러볼 예정이지만, 건물을 보는 것만으로도 감동이 될 것입니다. 이 아름다운 예배당을 봉헌하던 날이었습니다. 봉헌예배에 참석한 교인들을 향해 슐러 목사님은 1백만 달러의 헌금을 드려서 멕시코 빈민촌에 병원을 설립하자고 했습니다. 아름다운 수정체 성전(Crystal Cathedral)을 하나님께서 허락해주셨으니, 이제 우리는 가난한 이웃에게 그리스도의 사랑을 나누어주어야 한다는 것이었습니다.

그저께 밤에 주간지인 〈기독교타임즈〉를 보다가 깜짝 놀랐습니다. 지난 월요일 연회 실행부회의에 스케줄이 겹쳐서 가지 못했는데, 그 회의소식이 실린 것입니다. 그 동안 가경동 우리 종교부지에 연회본부를 지으려고 무진 애를 썼습니다. 하지만 끝내 성사되지 못했습니다. 그래도 감리회본부 재산으로 편입되어 다른 데로 넘어가지 않은 것만도 퍽 다행한 일이요, 큰 위안이 됩니다. 하지만 연회가 쓰도록 허락되지는 않았습니다. 그래서 이번엔 이미 있던 자리인 주성동 연회본부 자리에 새로 짓기로 결심한 연회 감독님이 설계까지 해서 27일 기공예배를 드리려고 했습니다. 그런데 그게 뜻밖에 안 되는 사정이 생겼다는 보도였습니다.

사실 처음에는 연회본부를 우리 은항골에 유치하기로 했습니다. 제가 감리사를 할 때이고, 또 그때는 김종문 감독님이 계셨는데, 당시 연회 총무와 함께 아주 적극적으로 찬성하였습니다. 그런데 실행위원들의 의견이 분분하여 확정되지 않았습니다. 가경동 종교부지에도 하나님이 허락하지 않으시고, 이제 주성동에도 허락하지 않으시면 하나님의 뜻은 대체 어디에 있는지 궁금했습니다. 이 문제로 현직 감독님은 상당히 실망스러워했습니다.

여러분, 우리가 받은 선물인 이 은항골은 누구의 것입니까? 우리의 것입니다. 왜요? 하나님이 우리에게 주신 것이기 때문입니다. 하지만 하나님이 좀 쓰시겠다고 하면 언제고 내놓아야 하는 곳입니다. 바로 이 점을 기억해야만 합니다.

'우리가 받은 우리 것인데, 어떻게 내놓는가?'

그런 생각은 주신 분의 마음을 섭섭하게 만드는 일입니다. 받은 1만여 평 중에 20분의 1인 5백 평을 내놓으라면 내놓을 수 있습니까? 그렇습니다. 그래서 5백 평 부지를 연회본부 건축을 위해 내놓으려고 합니다. 바로 인쇄소 자리에 연회본부가 들어오도록 연회에 기증하려고 합니다.

우리 교회의 모든 재산은 기독교대한감리회유지재단에 편입되어 있습니다. 지금까지는 제 이름으로 되어 있거나 관리장 장로님의 이름으로, 심지어는 저희 집사람 이름으로 되어 있기도 했습니다. 행정상 어쩔 수 없었습니다. 하지만 이제 정식으로 교단에 등록시켰습니다.

우리가 봉명동 예배당을 다른 교회에 넘겨줄 때 아무런 비용이 들지 않았습니다. 왜냐하면 우리도 감리교회 재산, 받은 교회도 감리교회 재산에 넣어야 하기 때문입니다. 단지 관리자 이름만 내부적으로 변경하면 되기 때문에 양도세나 취득세를 전혀 물지 않습니다. 우리 교회의 재산이나 다른 감리교회의 재산이나 연회본부의 재산이나 다 똑같은 것입니다. 절대 남의 손에 넘어가는 것이 아닙니다.

이 세상에 내 것이 어디 있습니까? 하나님이 쓰시겠다면 언제고 내놓아야 합니다. 우리 것이라고 고집해서는 안 됩니다. 물론 우리 것임은 확실합니다. 하나님이 우리에게 주신 것만은 틀림없습니다. 하지만 우리가 이 땅에서 100년 200년 500년 1000년, 이 선물을 쥐고 살 수 있는 것은 아닙니다. 언제고, 언제고 주님이 필요로 하시면 기쁨으로 내놓아야 합니다.

제가 아들에게 카메라를 주고, 어느 날 좀 쓰자고 했는데, 아들이 얼굴에 인상을 쓰면 제 마음이 좋겠습니까? 언제고 기쁜 마음으로 '예 아버지, 그러세요' 그래야 하는 것 아닙니까? 자기도 오늘 꼭 써야 하는데 아빠에게 드리는 거라고 토만 달아도 유감일 것입니다.

또 생각해 보았습니다. 뭐 10년 15년만 흘러도 디카는 구형이 되어 잘 쓰지 못합니다. 하지만 만일 그렇지 않고 50년 100년 쓸 수 있는 거라면, 제가 죽은 다음에는 제 것이 누구의 것이 되겠습니까? 아들이 둘이 있는 것도 아니니 저 독생자가 갖게 되지 않겠습니까? 아들 녀석이 아주 어릴 때 자기 엄마한테 그러더래요. 아빠 죽었으면 좋겠다고요. 왜냐고 물으니 아빠가 죽어야 아빠 넥타이를 다 갖게 되지 않겠느냐고 하더래요. 그때부터 벌써 유산을 기다린 것입니다. 제가 넥타이가 얼마나 많은지는 여러분이 짐작하실 것입니다. 어차피 나중에 줄 거 미리 주면 좋아할 거 아닙니까? 그래서 주기로 한 건데, 그래도 그걸 자기 거라며 고자세로 나오면 아주 섭섭할 것입니다.

물론 아직 연회 실행부회의를 거쳐야 하는 등 문제가 남아 있습니다. 그래서 우리가 연회를 위해 그 땅을 기증한다고 해도 일이 성사될지는 아직 의문입니다. 다만 하나님이 혹 쓰시려고 하는 것이 아닌가 하는 생각을 갖게 되었다는 것입니다.

예수께서 예루살렘으로 입성하실 때의 일을 기억하기 바랍니다. 두 제자를 맞은편 마을로 보내면서 이렇게 말씀하십니다.

"가서 보면 나귀 한 마리가 매여 있고, 그 곁에 새끼가 있을 것이다. 풀어서 나에게로 끌고 오너라. 누가 너희에게 무슨 말을 하거든, '주님께서 쓰려고 하십니다' 하고 말하여라. 그리하면 곧 내어줄 것이다"(마 21:1~3).

주님이 쓰시겠다면 지체하지 말아야 합니다. 싫은 내색을 해서도 안 됩니다. 언제고 기쁜 마음으로 순종해야만 합니다. 그래야 주신 분이 후회하지 않으십니다. 보십시오. 그러면 또 하나님이 계속해서 더 많이 주시는 데 주저하지 않으실 것이 아닙니까?

'배움의 집' 옆에 있는 인쇄소 땅을 매입한 것은 2003년 12월 20일입니다. 저는 그날 사람을 보내 계약을 하도록 해 놓고는 제 방에서 글을 하나 썼습니다. 하나님께 감사의 기도문을 쓰면서 왜 하나님이 이 땅을 주시는지를 궁금해 했습니다. 그리고 다만 하나님이 이끄시는 그 뜻을 알기 위해 기다리는 심정을 적었습니다.

그런데 계약 후 잔금을 지불할 때쯤, 갑자기 계약 당시에는 없었던 압류가 들어왔습니다. 인쇄공장을 하던 사람이 종이공장에 대금을 지불하지 않아 그쪽에서 그렇게 한 것입니다. 우리는 이 문제를 가지고 수십 번도 넘게 씨름을 했습니다. 과장하지 않고 말해서 수백 통의 전화를 했고, 또 수도 없이 전 주인을 만났습니다. 그러나 1년이 훨씬 넘도록 해결이 되지 않았습니다. 봉헌을 앞두고 더욱 힘썼지만 눈에 보이는 진전이 없었습니다. 벌써 조립식 공장건물을 뜯었어야 하는데 그 일도 하지 못했습니다.

그러던 것이 1년 8개월 만인 지난 3일 전 드디어 해결이 났습니다. 건축법이 7월 1일부로 바뀌어 강화되었기 때문에 서둘러 허가서류도 이미 접수시켰습니다. 그리고 곧바로 이 땅에 대한 또 다른 하나님의 계획을 지금 보고 있는 것입니다.

우리 교회에서 가장 전망이 좋은 곳이 바로 이 인쇄소 자리입니다. 하나님은 우리에게 가장 좋은 것을 바치기를 원하시는 것 같습니다. 하나님은 100명 중에 하나가 아닌, 하나밖에 없는 아들 이삭을 바칠 것을 요구하셨습니다. 그러나 여러분, 하나님은 결코 그 외아들을 잡아 잡수시지 않았습니다. 단지 아브라함의 그 마음만을 시험해 보신 것입니다. 주님 뜻대로 순종하는 것이 우리의 할 일입니다.

주님 말씀하시면 내가 나아가리다
주님 뜻이 아니면 내가 멈춰 서리다
나의 가고서는 것 주님 뜻에 있으니
오 주님 나를 이끄소서
뜻하신 그곳에 나 있기 원합니다
이끄시는 대로 순종하며 살리니

연약한 내 영혼 통하여 일하소서
주님 나라와 그 뜻을 위하여
오 주님 나를 이끄소서 (♪)

3. 2005년 8월 7일
기회를 놓치고 싶지 않아

성전봉헌을 앞두고 계속해서 묵상했다.
'어떻게 하면 이번 봉헌으로 하나님을 크게 기쁘시게 할 수 있을까?'
언젠가는 이런 생각도 했다. 그러니까 25년 전의 일이다.
'하나님, 저 이렇게 수고했으니 뭐 하나 보상해주실 수 있겠습니까?'
첫 번째 목회지를 떠날 때 그런 마음이 들었다. 그래서
'혹 하나님께서 저에게 상을 주신다면 이렇게 해주십시오'
라고 기도했다. 그런데 정말 하나님께서 그 기도를 응답해주셨다. 그러나 이번에는 그런 마음은 없었다. 이미 이렇게 봉헌을 허락해주신 것만으로도 충분해서, 그런 말씀을 주님에게 드릴 수가 없었다. 그리고 조금은 철이 들었는지, 이번에는 어떻게 하면 하나님 아버지의 마음을 좀 기쁘게 해드릴 수 있을지를 곰곰이 생각해 보았다.
그러나 정작 시간이 다가와도 어떻게 해야 할지 생각해 내지 못했다. 과연 하나님은 무엇을 좋아하실지 감도 잡히지 않았다.
'경배와 찬양 곡의 찬송을 그 날 좀 많이 부를까? 아니면 다윗처럼 하나님의 법궤 앞에서 춤을 추어야 하나? 그렇다면 내가 홍대 앞 MBC 생방송 음악회 때처럼 옷을 벗어야 할 거고…. 과연 하나님은 무엇을 좋아하실까?'
그렇다. 하나님을 좀 크게 기쁘게 해드리고 싶었다. 그런데 그 방법이 떠오르지 않았던 것이다.

그러다가 봉헌식이 바로 이틀 후로 다가왔다. 밤늦게 신문을 보다가 기사 하나를 보게 되었다. 그것은 우리 교회가 10주년을 맞이했던 1995년의 일과 흡사했다. 그때에도 그런 생각을 좀 하고 있었는데, 우연히 국민일보 기사를 보게 되었고, 그래서 성서공회와 연결하여 태국에 성경 1만 권을 보냈던 것이다. 그 후 우리는 그 이상의 보람과 축복을 받았다. 매스컴에 일제히 보도되고, 성서공회의 극진한 대접도 받고, 이사회에서 설교를 하는 특권도 얻고, 얼마 전에는 성서공회 직원들을 위한 특별집회에 가서 설교도 했다. 정말이지 홍보비용으로 썼다고 쳐도 그보다는 훨씬 더 들어갔을 것이다. (이것은 우리끼리만 말하는 비밀인데) 성서공회와 직거래를 통해 저렴한 가격으로 성경을 구입할 수 있는 것도 다름 아닌 성서 보내기 운동에 동참한 때문이다.

이렇게 눈에 보이는 축복만이 아니라 무형의 은혜는 그 몇 배에 달한다. 50억 공사를 앞두고 1%를 심자고 우리는 말했다. 돈이 없어 그 5천만 원도 어디에서 꾸어다가 전달했다. 그리고 하나님은 우리에게 10년 만에 100배가 아니라 300배를 주셨다.

모든 일에는 기회가 있다. 그리고 선물은 하나님도 설득시킨다는 말이 있다. 적은 것이라도 주면, 준 것만큼의 손실은 틀림없이 보충된다. 땅도 씨앗과 비료와 노력을 주어야 결실을 안겨준다. 주지 않으면 오는 것이 없다. 먼저 받으려고만 한다면 주머니가 먼지를 줄 것이다. 한 알의 씨앗이 30배 60배 100배로 되돌아온다.

많이 가지는 것만이 축복은 아니다. 주는 것이 갖는 것보다 소중하다. "주 예수께서 친히 주는 것이 받는 것보다 더 복이 있다 하신 말씀을 반드시 명심해야 합니다"(행 20:35).

필요할 때 준다면 받는 사람에게는 두 배의 은혜가 된다. 오랜 라틴어 속담에 '빨리 주는 것은 두 번 주는 것과 같다'(qui eito dat bis dat)라는 말이 있다. 상대가 필요로 할 때 준 선물은 두 배의 값을 발휘한다. 그것을 미루고 있으면 늦어져서, 결국에는 줄 수 없게 되는 경우도 있다. 모처럼 좋은 충동이 머리에 떠오르더라도 당장에 실행하지 않기 때문에 얼마 안 가 사그라져 버리는 경우가 많다.

단 이틀 만에 마음을 굳힌 우리는 연회 실무자에게 의향을 전달했다. 앞뒤로 꽉 막혀 버려 해결의 기미가 없게 된 연회에서는 뜻밖의 소식에 무척 기뻐했다. 아무도 이 일에 반대할 이유가 없었다. 그리하여 지난 화요일 연회실행부회의와 건축위원회에서 만장일치로 가결하였다.

연회본부(주성동)가 청주로 유치되기까지도 사연이 많았다. 충주 제천 단양 등과 음성 괴산 지역은 감리교회가 오랫동안 자리를 잡아온 반면, 청주와 이 아래 영동 보은 옥천 등지는 감리교회 지역이 아니라 교세가 매우 약하다. 따라서 연회본부는 충주 내지는 음성쯤으로 해야 한다는 목소리가 만만치 않았다. 그러나 에덴교회가 8천만 원을 기부하고, 우리 교회가 두 번째로 많은 2천만 원을 내는 등 청주시내 여러 교회가 합쳐서 2억 원 가까운 돈을 마련하고 유치에 박차를 가한 덕분에 이 일이 성사되었던 것이다. 동북부 지역의 교회와 목사들은, 그렇다면 반드시 청주시 초입에 세우라는 조건을 내세웠었다. 내수에서 공항 쪽으로 빠지는 어느 길목의 3천 평 언덕이 거론된 적도 있다. 그런데 지금 남서부로 이전하자는 것이니 그다지 내키는 것은 아니지만, 그럼에도 이번 일은 받아들일 수밖에 없는 형편이었다. 반대할 만한 다른 명분이 없었다.

우리가 오랫동안 이것저것을 다 따져 가면서 했다면 불순한 동기나 의도가 숨어 있는 것이 아닌지 의혹의 눈초리로 바라보았을 수도 있다. 하지만 전혀 예기치 않았던 일이 벌어진 직후여서 그런 생각을 하지는 않았을 것이다.

그러나 우리 지역 독립운동가(감리교 목사)들의 흉상을 세운 것은 오래 전부터, 그러니까 1986년 봄부터 20년 동안 생각해 온 일이다. 금년이 광복 60주년이고, 또 때마침 독도 문제 등으로 한일관계가 어색하게 되었다. 흉상건립 문제는 이미 KBS를 비롯해 일반 방송이나 매스컴에도 일제히 보도가 되었다.

우리 교회가 봉헌하고 20주년을 맞이하는 것은 일반 사람들에게는 의미가 없을 것이다. 그래서 아무런 관심도 갖지 않는다. 그러나 역사에서 빼놓을 수 없는 과거의 일을 오늘에 되살려 의미를 부여한 이 일은, 믿는 사람만이 아니라 모든 사람의 관심을 불러일으켰다.

괜찮은 목회자세미나를 열기 위해서도, 책 하나를 만들어 판매를 하기 위해서도 그 홍보비로 보통 그만한 비용은 들어간다고 한다. 가만히 계산해 보니 흉상제작비만큼 들여서 홍보했다 생각해도 비싸지 않았다. 더구나 한번으로 끝나는 것이 아니라 두고두고 역사에 남을 일이기에 긴 세월 홍보를 하게 되는 것이다. 연회본부가 우리 은항골에 들어서면 감출 수 없는 것과 마찬가지이다. 감신 교수로 있는 친구(이환진)가 봉헌예배 때 와서 '흉상제막 한 거 정말 잘했다'라고 했다. '예배당 잘 지었다, 봉헌을 축하한다' 그런 말과는 또 다른 의미가 있지 않은가?

땅 5백 평보다, 동상제작비 5천만 원보다 우리는 이미 훨씬 더 소중한 명예를 얻었다. 땅과 돈은 있다가도 없고, 없다가도 있게 되는 것들이다. 가변적이고 일시적인 것들이다. 하지만 우리가 얻은 보물은 그것과 비교할 수 없는 역사에 남을 소중한 가치들인 것이다.

창립 10주년 때 하나님께 바친 5천만 원은 1%를 심는 마음으로 했다고 한다면, 창립 20주년 때 드린 4억과 5천만 원은 이미 넘치게 주신 하나님의 은혜에 감사하는 심정으로 바친 것이다. 참으로 하나님께 감사하게 생각한다.

4. 2006년 5월 22일
연회회관 봉헌예배

연회본부가 들어설 땅(1,636㎡/495평)을 우리 교회가 기증하고, 회관을 짓는 일도 내가 도맡아 하였다. 이래저래 쓰임 받는다는 것이 얼마나 영광스럽고 또 기쁜 일인가? 그래서 열심히 했다. 우리 교회 사무실 관리파트 직원들까지 데려다가 조건 없이 일을 시켰다. 뿐만 아니라 우리 여선교회 회원들도 불러다가 바닥 돌 사이의 메지 넣는 일을 하도록 했다.

나는 5개월 동안의 공사로 '손바닥 지문이 지워진다'는 말이 어떤 의미인지를 경험했다. 정말 손바닥의 지문이 없어진 부분이 있었으니 말이다. 오른손 검지 끝의 지문이 없어지니까 책장을 넘기기가 많이 불편하더라. 미끄러지는 것이다. 물론 시간이 지나면 다시 되살아나겠지. 건강하게만 하신다면 어떠한 일도 감수하겠다고 수백 번 기도하였으니 그래도 감사할 일이다. 옆에서 누가 그런다.

'다 짓고 나서 열쇠를 (연회에) 넘겨줄 때 어떻게 주시겠어요?'

고이 기른 딸을 결혼식장에서 사위의 손에 넘겨주는 심정이 아닐까?

그 어느 때보다 정직하고 성실하게 공사를 하겠다고 마음먹었다. 만일 다 짓고 난 다음 다시 내게 주어졌을 때, 그때 그렇게 하지 말 걸 그랬다고 후회하지 않게 하고 싶었다. 그대로 내게 주어진다면, 짓고 난 후 '너 가져라' 할 때 자신 있게 '아멘' 할 수 있기를 원했다. 정말이지 그 동안 우리 교회 그 어떤 건물보다 정성을 다했다. 직영을 하니까 손은 많이 갔지만 작은 부분까지도 꼼꼼히 챙길 수 있었고, 공사비도 절약할 수 있었다.

공사를 진행하면서 두 차례의 사고가 있었다. 미숙한 운전자가 내리막길에서 미끄러져 운동장 쪽으로 떨어질 뻔한 일이 있었다. 가로수로 심은 잣나무 원줄기가 부러지면서 멈추어 섰다. 또 한 번은 미장공이 지붕에서 떨어졌다. 이 둘 다 내가 보는 앞에서 일어난 일이었다. 그날 아침 서둘러 바닥에 쌓여 있던 자재들을 치운 것이 천만다행이었다. 그렇지 않았으면 어디 부러지거나 찔려서 부상을 당했을 것이다.

그러나 보다 큰 어려움은 들려오는 비난의 소리였다. 숱한 모함 때문에 나뿐만 아니라 우리 장로님들까지 화가 났다. 그래서 어느 날 기획위원회에서 모든 것을 원위치하자는 결의까지 했다. 그 동안 들어간 공사비를 모두 연회에 건네기로 하고, 우리가 그대로 받는 것으로 했던 것이다. 심지어 '10억 공사비 중 4억을 남겨 좋은교회가 기증한 땅값을 빼내려 한다'는 말까지 들려왔다. 느헤미야가 겪은 수난이 생각났다. 상급을 많이 받게 하시려는 것일까? 아무 조건 없이 하는 일이고, 우리 교회 재정이 1년 이상 1억 원 가까이 물려 있었음에도 이런 오해를 받아야 하다니…. 그렇다. "그들은 까닭 없이 나를 미워하였다고 기록한 말씀이 이루어진 것이다"(요 15:25). 이런 글이 눈에 들어온다.

'나랏일을 하다 보면 자의든 타의든 욕을 먹게 되어 있지만, 문제는 두 가지이다. 하나는 얼마나 욕을 덜 먹느냐 하는 것이고, 다른 하나는 먹더라도 얼마나 약한 욕을 먹느냐 하는 것이다.'

이보다 더 중요한 성경말씀이 있다.
"너희가 나 때문에 모욕을 당하고 박해를 받고 터무니없는 말로 온갖 비난을 받으면 복이 있다. 너희는 기뻐하고 즐거워하여라. 하늘에서 받을 너희의 상이 크기 때문이다. 너희보다 먼저 온 예언자들도 이와 같이 박해를 받았다"(마 5:11~12).
그래도 봉헌예배 때 감사패와 함께 양복 값이라면서 100만 원을 감독에게 받았다. 언제 써놓은 글인지 모르겠는데, 이런 게 있었네.

'터무니없는 말로 비난을 받으면…'

가만히 생각해 보니 저도 많은 칭찬의 소리를 들었습니다. 그런데 그 중엔 정말 어느 정도 인정을 받을 만한 일도 있었지만, 어떤 것은 저도 모르는 터무니없는 말로 칭찬한다는 것입니다.

군목 때 소속으로 있던 교회에서 담임목사님이 나를 사람들 앞에서 소개하시면서, 감리교신학대학을 수석으로 합격하고 수석으로 졸업했대요. 저도 모르는 소리를 하시더라고요. 소문이 지나쳐요. 정말 깜짝 놀랐어요. 그런데 아니라고 그 예배시간에 변명을 할 수가 없었습니다. 그래도 꼴찌로 졸업했다는 말보다는 괜찮던데요? 군목시절 육군보병학교에서 훈련받을 때 공군으로 넘어온 일곱 명의 동기 목사 중에 제가 꼴찌였던 걸 목사님이 모르셨겠지요. 그러나 그런 얘기보다는 엉터리라도 좋은 얘기하니까, 거북하기는 하지만 싫지는 않았어요.

어떤 사람은 제가 기도 많이 하고 금식 많이 하고 잠도 얼마 자지 못해가면서 일해서 이렇게 날씬하다고 아예 짐작하고 마구 말해요. 그때마다 일일이 아니라고 말하지 못했어요.

그래서 요즘 생각하고 있습니다. 좋은 말도 과장되게 말할 때 일일이 답변하지 못했다면, 나쁘게 말하는 것도 쫓아다니면서 변명하려고 하지 말자 그렇게 생각했습니다. 좋은 소리를 할 때에는 은근히 좋아하면서 가만히 있다가, 나쁜 소리를 과하게 한다고 불끈 할 것도 없지 않느냐는 겁니다. 그렇지 않습니까? 터무니없이 과장하여 좋게 말하는 것도 사실이 아니라고 열심히 말해야 옳았지요. 그때는 가만히 있으면서 진짜처럼 받아들이다가, 과장하여 터무니없이 나쁘게 말할 때는 심각한 반응을 보이는 것은 이율배반적이에요.

2006년 9월 20일

가다가 쓰러지면 어쩌나

지난주일 낮예배 때 갑자기 이런 생각이 들었습니다.
여러분이 불쌍하다는 것입니다.
예배가 거의 끝나 가는데 성경말씀 한 구절이 문득 떠오른 것입니다.
경배찬양과 설교가 끝나고 헌금까지 다 드렸는데도 회중의 모습이 활기차 보이지 않습니다. 설교시간에도 눈동자의 촉광이 희미하고 수시로 몸을 비트는 사람들이 눈에 들어왔습니다.
자, 이런 분들이 이제 예배가 끝났다고 집으로 돌아갈 터인데, 저런 모습으로 세상에서 능히 승리하겠는가 하는 생각이 들었던 것입니다. 그냥 왔다가, 그냥 예배드리고, 그냥 돌아가면 무슨 능력 있는 삶을 살 수 있겠습니까? 세상이 어떤 세상인데요? 사탄 권세를 능히 물리칠 수 있는 힘을 얻었느냐 하는 것입니다.

예수께서 오병이어의 기적을 베푸신 얼마 후의 일입니다. 이번에는 일곱 개의 떡과 몇 개의 물고기로 4천 명을 먹이신 이적이 일어났습니다. 예수께서 제자들에게 말씀하십니다.
"저 무리가 나와 함께 있은 지가 벌써 사흘이나 되었는데, 먹을 것이 없으니 가엾다. 그들을 굶주린 채로 돌려보내고 싶지 않다. 가다가 길에서 쓰러질지도 모른다"(마 15:32).
"길에서 기진(氣盡)할까 하여 굶겨 보내지 못하겠노라."

영적 양식을 충분히 먹고 힘이 팔팔해서 돌아가야 할 텐데, 배가 곯은 채 돌아간다면 가서 제대로 일을 하겠는가? 집으로 가다가 길에서 이미 세상에 삼킴을 당하는 것은 아닌가? TV광고 하나만 봐도 받은 은혜 다 쏟아 버리는 것은 아닌가? 과연 한 주간을 능히 이겨낼 영적 기운(생기)을 차렸는가 싶으니 그냥은 못 보내겠다는 겁니다.

그런데 어떻게 해요? 이미 예배는 다 끝나 가는데요. 이제 마지막 찬송만 부르면 축도하고 흩어지는데, 초조한 생각이 들었습니다. 예배는 끝나가고, 시간은 다 되었고, 집으로 가야 할 시간인데도 여러분을 그냥은 돌려보내지 못하겠다는 겁니다. 시계를 보니 12시 15분이었습니다. 5분이 남았습니다. 마지막 축복송을 부르고는 옆 사람과 서로 인사하라고 했습니다. 여느 때보다 훨씬 길게 시간을 잡았습니다. 어떻게 해서든지 성도들의 가슴이 따근따근해져야만 한다고 생각했습니다. 오늘 여기에서 기운을 차리지 못하면 세상 그 어느 곳에서 세상을 이길 에너지를 공급받겠습니까?

예수께서 무리를 보셨던 마음이 이런 것이었겠구나 싶었습니다. 물론 음식을 먹지 못한 무리의 배고픔을 걱정하신 것이지만, 단지 빵만을 말씀하는 것 같아 보이지 않습니다.

'먹은 것이 없으니 가엾다.
굶주린 채로 돌려보내고 싶지 않다.
가다가 길에서 쓰러질지도 모르잖아?'

2007년 3월 25일 주일

청주공군부대교회 봉헌

청주기지교회, 즉 청주공군부대교회는 우리 교회와 연관이 깊습니다. 제가 그 교회의 담임이었다는 것 때문만이 아니라, 우리 교회의 시작은 청주제일교회와 청주기지교회의 기도의 힘이었다는 사실을 두고 하는 말입니다. 대외적으로나 공식적으로는 청주제일교회가 개척한 것이지만, 실질적이고 내면적인 측면에서는 청주기지교회라고 말할 수 있습니다. 제일교회가 후원한 금액보다 몇 배 많은 개척자금을 기지교회 교우들이 보탰습니다. 실제로 공군부대 교우들이 우리 교회의 창립멤버가 되어주었습니다.

1985년에 3천만 원은 결코 적은 돈이 아니었습니다. 적어도 아무것도 손에 쥔 것이 없는 제게는 엄청난 돈이었습니다. 늘 고맙게 생각하고 있었고, 또 늘 빚진 자의 마음이었습니다.

그러다가 2007년 봄, 청주기지교회는 제가 부임하고 있을 때 사용하던 예배당이 낡아서 신축을 하고 있었습니다. 부담을 갖고 있던 차에 공군 군목단장(문용만)이 찾아왔습니다. 이미 우리 교회가 (돈의 가치는 그때와 많이 차이나지만, 그래도 금액이라도 맞추려는 의도로, 그리고 갚는다는 심정으로) 3천만 원을 지원할 것을 결정하고 예산에 편성시켜 놓았기에 어렵지 않게 대답했습니다.

헌당예배는 3월 25일 주일에 있었습니다. 그 교회 역대 군목들만도 20명이 넘을 것입니다. 저는 그 중 2대 군목입니다. 그 날 봉헌예배의 설교를 제가 하게 되리라고는 예상치 못했습니다. 정말 기쁜 마음으로 응했습니다. 아마도 누구보다 제가 더욱 감사하고 감격했을 것입니다. 갓난아이 때 그곳에 가서 그곳에서 자란 아들을 처음으로 데리고 갔습니다. 너무 어릴 때라서 기억이 전혀 나지 않는다면서도, 아들은 자기가 자란 곳이라는 것 때문에 무척 인상적으로 느끼는 것 같았습니다.

한 공군부대교회의 봉헌이지만 대다수의 공군군목들이 참석했습니다. 그런데 설교를 시작하기 전에 저를 소개하면서 '원로이신 한영제 목사님'이라고 언급했습니다. 적이 놀랐습니다. 우습기도 했습니다. 제가 어느새 원로가 되어 있었습니다. 아마도 현 군목들의 눈에는 그렇게 보인 모양입니다.

성전봉헌과 함께 임원취임식도 했기 때문에 여러 순서가 있었습니다. 그리고 마지막으로 헌금기도를 겸한 축도를 공군군목단장이 했습니다. 그는 이렇게 축복기도를 하였습니다.

'30배, 100배를 거두게 하십시오.'

웬일인지 60배는 빼놓고 하였습니다. 저는 그 순간 '아멘' 했습니다. 진심으로 그 축복을 받아들이고 싶었습니다. 22년 전 뿌려진 씨앗이 오늘의 좋은 교회를 이루었다면, 오늘 드린 3천만 원의 100배는 30억 원이었습니다. 왜 그 순간 그렇게 간절하게 받아들였을까요? 제 마음에 이미 30억 원의 빚을 갚게 해주셨으면 하는 소원이 있었기 때문입니다.

"좋은 땅에 뿌린 씨는 말씀을 듣고서 깨닫는 사람을 두고 하는 말인데, 이 사람이야말로 열매를 맺되, 백 배 혹은 육십 배 혹은 삼십 배의 결실을 낸다"(마 13:23).

애당초 그것을 바라고 그렇게 한 것은 아니었습니다. 단지 떠오르는 하나님의 감동에 순종했을 따름입니다. 우리가 어느 곳에 지원하는 것은 그만한 수익성을 따져보고 주식에 투자하듯이 하는 것은 아닙니다. 하나님의 은혜에 대한 감사의 마음으로 기꺼이 하기를 원했습니다. 그러나 하나님은 그 작은 겨자씨와 같은 믿음을 통해서도 크게 역사하시는 것입니다(마 17:20).

2008년 1월 29일

군에서 온 편지

박현수

1. 2008년 1월 29일

사랑하는 목사님~♡

제법 겨울바람이 매섭습니다. 건강은 좀 어떠세요? 이 차가운 겨울 날씨를 이겨내실 수 있도록, 목사님과 그리고 좋은교회에는 항상 따뜻하고, 훈훈한 일들만 가득하길 바랄게요~.

목사님, 전 지금 너무나 감격스럽고 기쁩니다. 말로는 다 표현 못할 그런 행복을 느끼고 있어요. 제가 있는 이곳에 작은 기적 같은 일이 생겼거든요! 사실 제가 이렇게 펜을 든 이유는 이 좋은 일을 목사님과 함께 나누고 싶어서입니다. 이 일이 저의 개인적인 기쁨으로만 끝나는 것이 아니라, 목사님께도 큰 기쁨이 되었으면 좋겠습니다. 그 동안 교회 안에서 힘든 일들, 나쁜 소식들이 목사님을 지치게 해왔다면, 이 소식이 목사님께 힘이 되어드렸으면 합니다. 이 편지가 목사님께 좋은 소식, 희망의 소식이 되길 바랍니다.

목사님, 솔직히 말씀드리면 제가 지금 있는 이곳, 8사단 오뚜기 교육대에 전입 온 7월부터 지금까지… 선임과의 갈등 문제로 너무나 힘든 군생활을 하고 있습니다. 아무래도, 지금까지 살아온 환경이 다르고, 관심사나 공감대가 다르다 보니…. 그리고 무엇보다 종교가 다르기 때문에, 어떻게 보면 서로 부덮치지 않는다면 오히려 그게 이상한 거겠지요. 그걸 알기 때문에, 기도도 많이 했습니다.

'하나님, 이곳에서 함께 생활하는 선임들을 미워하는 마음이 생기지 않도록 하여 주시옵소서. 그들을 불쌍히 여기면서 오히려 그들을 섬기고, 그들을 앞으로 전도할 수 있게 도와주시옵소서. 그런 믿음을 저에게 허락하여 주시옵소서.'

하지만, 시간이 지날수록 선임과의 갈등은 점점 커져만 갔습니다. 밥 먹기 전이나 자기 전에 기도를 하는 저를 욕하는 선임들을 보면서… 생활관에서 성경책을 보는 저에게 시비를 걸어오는 선임들을 보면서… 계속해서 저를 괴롭히는 선임들을 보면서… 선임들에 대한 저의 마음도 조금씩 조금씩 닫히고 있었습니다. 너무나 힘들었습니다. 이런 고난과 시련을 혼자 감당하는 것이 너무 어려웠습니다. 옆에서 절 위로해 줄 사람과 저의 편이 되어서 격려해 줄 사람이 없다는 것이 너무 외로웠습니다. 그 상황 속에서 저는 주님께 기도할 수밖에 없었습니다. 취사장에 혼자 있을 때, 밤에 야간 근무를 설 때에, 교회에 가서 예배를 드릴 때에, 펑펑 울면서 계속 기도 드렸습니다. 그때에 저의 기도제목은 하나였습니다.

'하나님, 그들을 미워하지 않게 하여 주시옵소서.'

제가 그들을 미워하게 되면, 그들과의 관계회복은 물론 그들을 전도할 기회마저, 희망마저 사라져 버리게 된다는 것을 알고 있기 때문입니다. 그렇게 주님의 말씀만을 의지하고, 주님께 기도하면서 너무나 긴 하루하루를 보냈습니다. 그러나 시간이 지날수록 처음 마음은 사라지고, 제 입술에서 그들을 위한 기도는 점점 줄어만 갔습니다. 그들을 미워하는 마음이 조금씩 생기기 시작하더니 어느 순간부터는 무의식중에 그들을 저주하고 있는 저 자신을 보게 되었습니다.

선임들에게 마음이 완전히 닫혀버린 저의 군생활은 더더욱 악화되어 갔습니다. 선임과의 대화도 거의 사라졌습니다. 하루 일과가 끝나면, 같이 어울리지 못하고 생활관 구석에서 혼자 성경책을 보고 있는 저의 모습이 선임들이 보기에는 못마땅하고, 불만이었을 것입니다. 그때에 주님께서는 저에게 그들에 대한 마음이 다시 열리게 하시고, 그들을 전도할 수 있다는 희망의 불씨를 보여주셨습니다.

어느 날이었습니다. 잠들기 직전에, 선임 중에 한 명이 저를 조용히 불러냈습니다. 저는 약간의 두려운 마음이 생겼지만 뒤따라갔습니다. 아무도 없는 공간에서 그 선임은 갑자기 저를 붙잡더니 울기 시작했습니다. 그러면서 이렇게 말했습니다. 지금 여자 친구의 아버지가 암 말기 환자인데. 기도해 줄 수 있겠냐고 말입니다. 그 순간 저 또한 울컥했습니다. 그때 저는 희망을 보았습니다. 저에게 기도 부탁을 하는 선임을 보면서

'아~, 그들도 기도의 능력을 믿고 있구나! 하나님을 두려워하고 있구나! 그들의 마음에도 크진 않지만, 작게나마 하나님께서 존재하고 계시는구나' 하고 느꼈습니다.

그리고 주님께 감사하고 또 감사했습니다. 그들의 눈에 제 모습이 기도의 능력을 가진 믿음의 크리스천으로 보였다는 게 너무나 저 자신에게도 뿌듯했고 그분께 감사했습니다. 그때부터 다시금 저는 선임들을 위해 기도했습니다. 그들을 꼭 전도하고 싶다는 생각이 생겼습니다. 아니, 그들을 꼭 전도해야겠다는 사명이 생겼습니다.

목사님! 사실, 전 군대에 오기 몇 개월 전부터 이런 모습들을 상상해 왔습니다. 생활관 내 분대원들끼리 기도회를 하고, 하나님의 말씀을 가지고 큐티를 나누는 모습들을 말입니다. 믿음이 있는 선임을 만나 함께 예배드리는 모습들을 기대하면서 기도하고 또 기도했습니다. 그때에 했던 기도들을 다시금 하게 된 것입니다.

목사님, 제가 막상 군대라는 곳을 오고 나서 느낀 거지'만, 예전에 제가 그

렇게 기도하며 상상했던 모습들과는 너무나 다른 모습이었습니다. 어떻게 보면 이게 현실이라는 생각이 듭니다. 그렇기 때문에 더 기도하게 되었습니다. 제가 예전부터 꿈꿔왔던 모습들이 더 이상 꿈이 아니라는 것을, 하나님의 능력 안에서 그 꿈이 충분히 현실로 이루어질 수 있다는 것을 보여주고 싶었습니다. 제가 그 소망의 통로가 되고 싶어졌습니다. 하나님께서 저를 통해 그 일들을 이루셨으면 하는 바람이 생겼습니다. 그 후로 지금까지 계속해서 기도했습니다. 그리고 앞으로도 계속해서 기도할 것입니다.

목사님~ 저의 편지가 여기서 끝이냐고요? 히힛~ 아니요! 진짜 기적은 지금부터예요. 며칠 전에, 가장 고참 선임이 아무도 없는 곳으로 저를 부르더니 이렇게 말을 꺼냈습니다.
 '현수야~, 분대장으로서 내가 너한테 해줄 수 있는 건 아무것도 없어. 하지만 말이야~. 너는 왠지 나에게 해줄 수 있는 일이 있을 것 같아.'
그러면서, 자기 얘기를 하기 시작했습니다.
그 선임은 모태신앙이라고 합니다. 그런데 초등부까지만 교회를 다니다가 지금까지 교회를 멀리했다고 했습니다. 마음속엔 항상 하나님이 계신데~ 겉으로는 기독교인이 아닌 척~ 스스로가 믿음을 부정해왔다고 합니다. 근데, 전역을 앞두고 갑자기 두려운 마음이 생긴다고 했습니다. 제대하기 전까지 하나님과 다시금 관계회복을 하고 싶은데, 혼자서는 도저히 자신이 없다며, 얼마 남지 않은 시간 동안 예전의 믿음이 다시 생길 수 있도록 옆에서 도와줄 수 있겠냐고… 너라면 왠지 그래 줄 수 있을 것 같다는 생각이 들어서 이렇게 용기 내어 얘기를 하게 되었다고 하셨습니다. 저야 당연히
 '예, 알겠습니다! 물론 옆에서 최대한으로 도와드릴 수 있는 데까지 함께 해드리겠습니다. 앞으로 잘 부탁드립니다!'
라고 대답했습니다.
그 후로… 매일매일 자기 전에 같이 기도회도 하고, 매주 잠언 말씀을 가

지고 큐티 모임도 하고 있습니다. 엊그저께는 밤 10시부터 11시 반까지! 무려 1시간 반 동안 서로를 위해 중보기도를 했어요~.

목사님, 전 지금 너무나 감격스럽습니다. 그리고 하나님께 정말 감사드립니다. 사실 저는 그 동안 이 일들을 위해 기도를 하면서도, 솔직히 자신이 없었습니다.
'과연, 이 일들이 가능할까? 현실로 이루어질 수 있을까?'
의심하고 또 의심했습니다. '에잇! 그냥 속는 셈치고 기도나 해보자' 라는 생각으로 형식적인 기도를 해왔습니다. 하지만 하나님께서는 그런 저의 연약하고 작은 믿음을 부끄럽게 하셨습니다. 기도하면서도 저 스스로 어려울 거라고, 불가능하다고 생각해 왔던 일들을 현실로 만들어 주셨습니다.
저는 이번 일로 다시금 전능자 하나님을 고백하게 되었습니다. 불가능한 일을 행하시고, 죽은 자를 일으켜 세우시는 전능하신 하나님, 그리고 기도의 능력을 또 다시 확신하게 되었습니다. 저는 한 게 아무것도 없었습니다. 그저 기도만 했을 뿐인데, 하나님께서는 선임이 먼저 저에게 다가오게 하셨습니다. 더욱더 놀라운 것은 그 선임은 술, 담배도 하고, 말을 할 때는 욕으로 시작해서 욕으로 끝나는~ 말의 90%가 욕인 그런 선임이었습니다.

목사님, 저는 이번 일이 주님이 미리 예비하셨던, 계획된 기적이라고 생각합니다. 비록, 지금은 2명이 기도회와 큐티 모임을 하고 있지만~ 저는 확신합니다. 이곳, 오뚜기 교육대는 변화될 것입니다. 그 인원이 한 명 한 명 늘어날 것입니다. 나중에는 이 오뚜기 교육대에 있는 모두가 함께 세상 유혹을 다 이기고, 그분의 이름으로 한자리에 모일 것을 기대합니다.
제가 지금 읽고 있는 책은 이렇게 말하고 있습니다.
'예수님의 소명에는 개인적인 차원이 있지만, 순전히 개인적인 것만은 아니다. 예수님은 제자들을 부르실 때 개별적인 신자들의 소명뿐 아니라 공동

체적인 소명도 부여하신다.'

저희는 개별적인 신자들의 무더기로 부름 받은 것이 아니라 믿음의 한 공동체로 부름 받았다고 생각합니다. 그렇기 때문에, 저는 이곳에서 같이 생활하는 청년들을 위해 기도하지 않을 수가 없습니다. '사명'이란 찬양의 가사처럼, 세상은 나를 미워해도, 그래도 나는 그들을 사랑하겠습니다. 나중에 모두가 전역하고, 제가 가장 고참이 될 때에도 계속해서 후임들과 모임을 이어나갈 것입니다. 그리고 계속해서 기도할 것입니다. 잃어버린 영혼들이 하나님의 품으로 돌아오기를, 제가 그 축복의 통로가 되기를 기도하겠습니다.

주님이 이 땅을 고치실 것을 기대하고, 기도하며, 기다립니다.

2. 2008년 4월 2일

목사님~, 얼마 전에 저에게 아주 감사한 일이 있었습니다. 하나님의 보호하심을 느낄 수 있는 아주 귀한 은혜를 경험하게 해주셨습니다. 취사 일이라는 것이 단지 요리만 하는, 안전하고 쉬운 일이라고 생각하는 사람들이 많지만, 절대 그렇지 않습니다. 취사장 안에는 위험한 요소들이 곳곳에 숨어 있습니다. 가장 기본이 되는 칼질부터 시작해서 수십 명에서 수백 명이 먹을 밥을 하게 되면 엄청난 열기로 화상을 입을 위험 또한 많습니다. 자신이 조심하지 않고, 집중하지 않으면 큰 외상을 당할 수가 있습니다.

그 많은 위험 요소들 중에 가장 위험한 작업이 동력버너에 불을 붙이는 일입니다. 저희가 이곳에서 음식을 조리할 때 사용하는 솥의 크기는 정말 어마어마합니다. 그 둥근 솥의 지름이 웬만한 성인 남자가 두 팔을 쭉 뻗어야 겨우 닿을 만큼~ 밖에서는 구경 한 번 해본 적이 없는 크기입니다. 그 큰 솥을 뜨겁게 달구기 위해서는 엄청난 크기의 화력을 이용해야 합니다. 그 동력버너에 불을 붙이는 일은 아직까지 취사장의 막내인 제 담당입니다.

그러던 어느 날, 저는 여느 때처럼 솥에 불을 붙이고 조리를 했습니다. 그런데 활활 잘 타오르던 불이 갑자기 꺼지는 것이었습니다. 저희 취사장 시설들은 30년 지난 오래된 것들이라 간혹 이런 상황이 발생하곤 합니다. 그래서 저는 그 날도 대수롭지 않게 다시 불을 붙이기 위해 점화봉에 불을 붙인 후, 동력버너에 점화봉을 밀어 넣는 순간! 갑자기 '뻥' 하는 소리와 함께 불길이 솟아오르더니 전원을 끄지 못한 채 뒤로 넘어졌습니다.

그 급박한 상황에서 다행히 불길은 점차 줄어들었고, 의식을 되찾은 저는 모든 전원을 끄고 밖으로 달려 나갔습니다. 선임들이 저에게 모여들었고 아무렇지 않은 저의 모습을 보더니 안심을 하면서도, 놀라워하였습니다. 저는 밖으로 나와서 거울을 쳐다봤습니다. 그리고 그 순간 하나님께 감사의 눈물을 흘렸습니다. 제 머리카락은 전부 타 있었습니다. 하지만 저의 얼굴은 너무 멀쩡했습니다. 살짝 그을린 검은 얼굴엔 그 어디에도 화상자국은 없었습니다. 그 엄청난 화력의 불길이 제 얼굴 전체를 뒤덮었지만 전 너무나 멀쩡했습니다. 저는 그 날을 잊을 수 없습니다. 저를 보호해주시고, 지켜주신 하나님의 귀한 은혜를 경험한 너무나 감사한 날이기 때문입니다.

나중에 불이 붙은 이유를 알게 되었습니다. 동력버너는 불이 꺼졌지만 계속해서 작동하면서 기름을 내뿜고 있었습니다. 제가 불을 붙이려고 했을 땐 이미 그 주변은 기름이 충만한 기름바다였던 거죠. 하마터면 더 큰 사고가 날 뻔했습니다. 하나님께서 지켜주지 않으셨다면 말이죠.^^

다윗을 지켜주신 하나님! 모세를 보호해주신 하나님! 노아를 살려주신 하나님께서 그 날은 저와 함께해주셨습니다. 제가 믿는 그분은 더 이상 아브라함의 하나님, 이삭의 하나님, 야곱의 하나님, 요셉의 하나님이 아니십니다. 제가 믿는 그분은 바로 저의 하나님이십니다. 이번 일로 저는 이런 고백을 하게 되었습니다.

"항상 옆에서 지켜주시고, 보호해주시는 나의 하나님…
너무나 감사드립니다." ^^

3. 2008년 10월 24일

목사님, 오랜만에 펜을 들었어요. 시간이 많이 흐른 만큼 이곳에서도 여러 가지 일들이 있었답니다. 즐겁고 신나는 일들만 목사님께 들려드리면 좋으련만 그게 마음처럼 쉽지만은 않네요. 우선 좋은 일부터 말씀드릴게요. 목사님! 저 군종병이 되었어요. 취사병에서 군종병으로 보직이 완전히 바뀐 건 아니지만, 평일에는 지금과 같이 취사를 하다가 주말에만 군종병으로 교회 일을 하게 되었습니다. 그래도 주말에 교회에 나가 주님을 섬길 수 있음에 정말 행복하고, 감사드립니다. 주님의 일을 하고 싶어도 개인 사정과 부대 여건 때문에 제한 받는 병사들도 많은데, 그런 전우들에 비해 저는 정말 좋은 환경에서 축복 받으며 군생활을 하고 있는 것 같아요. 이토록 부족한 저를 사용해 주시는 주님께 한없이 감사드립니다. 주님께서 저를 군종병으로 세워주신 분명한 목적과 뜻이 있을 거예요. 하나님의 그 의도를 항상 깨닫고, 더욱 충성스러운 마음으로 나아가겠습니다.

아, 목사님! ^^ 예전에 한번 군종참모님과 16연대 목사님, 21연대 목사님, 그리고 저, 이렇게 네 사람이 자리를 함께한 적이 있었거든요. 그때 제가 16연대 목사님께 혹시 감신대 나오셨냐고 여쭈어 봤어요. 그런데 목사님께서 저에게 되물으시더라고요. 어떻게 알았냐고. 그래서 제가 감리교회에 다닌다고 말씀드렸더니 어느 교회에 다니냐고 또 다시 물으시는 거예요. 그래서 청주에 있는 좋은교회라고 말씀드렸죠. 그랬더니 '아 한영제 목사님께서 계시는 아름다운 교회~' 하시는 거예요. 저는 약간의 놀라움과 신기함으로 대화를 이어갔습니다. '저희 교회 아십니까?' '그럼, 잘 알지!' 이렇게 시작된 좋은교회와 목사님의 이야기를 30~40분 동안 계속하였습니다. 16연대 목사님이 감신대 학생 시절에 목사님의 설교를 듣고 큰 감격을 받았다고 해요. 그냥 설교문만 보고 그대로 읽으시는 것 같은데 그 어떤 설교 말씀보다 은혜로웠다고 놀라워하셨어요. 글을 정말 은혜롭게 잘 쓰신다고 참 대단한 목사님이라는 말을 덧붙이며 말이에요. 그런 훌륭한 목사님이 담임하시는 좋은교회에 다니고 있다는 자체만으로도 저에게는 큰 자부심이 생겼어요.^^ 저는 얼른 생활관으로 뛰어 들어가 목사님께서 선물로 주신 책을 들고 나와 자랑(?)을 했습니다. 그리고 군종참모님은 예전에 청주에서 잠깐 사셨을 때 꾸준히 좋은교회에서 예배를 드렸다고 해요. 봉명동 교회를 그리워하셨습니다. 하얀 돌벽의 지하 예배당에 들어설 때마다 마음이 참 평안해졌다며, 지금도 가끔씩 청주에 일이 생길 때면 좋은교회 은항골에서 예배를 드린다고 합니다. 참 세상이 좁죠? 그 때엔 정말 반가운 마음과 신기한 마음이 공존했어요.

목사님, 이제는 반갑지 않은 일들을 전해드릴게요. 제가 휴가 중이었을 때 이곳 교육대에 불미스러운 일이 있었습니다. 후임들끼리 몰래 술을 시켜 먹다가 순찰 나온 대장님께 들킨 거예요. 밖에서 이 얘기를 전해 듣고 무거운 발걸음으로 복귀를 했습니다. 생각보다 문제는 심각했어요. 대장님께서는 저의 후임 3명 모두 영창을 보내겠다고 하셨습니다. 그래서 이번 모든 일은 제가 뒤집어쓰기로 했어요. 분대장으로서 후임들을 제대로 교육하지 못한 책임이 크기 때문입니다. 그리고 저는 현장에 없었기 때문에 제가 징계를 받는 것이 처벌을 최소화 할 수 있는 방법이라고 생각했습니다. 그리고 무엇보다 후임들이 영창을 가게 생겼으니, 일단 바로 앞에 닥친 큰 불부터 끄려면 어쩔 수 없는 선택이었습니다. 그렇게 제가 징계를 받았는데, 불행 중 다행으로 영창은 면하게 되었습니다. 대신에 휴가 통제를 받았어요. 당분간은 휴가를 못 나가게 될 것 같습니다. 군인에게 휴가는 군생활의 가장 큰 낙이지만, 그래도 이렇게 사고가 마무리될 수 있어서 참 감사합니다. 후임들이 영창을 가게 생겼는데, 그까짓 휴가가 대수겠어요. 하나님께서는 더 귀한 것을 깨닫게 해주셨습니다. 리더로서 분대원들을 진정으로 품는 것이 무엇인지, 섬기는 것이 어떤 건지, 리더의 참된 모습과 자세를 알려주셨습니다.

   목사님,
   그리고 설상가상으로 저에게 힘든 일이 하나 더 생겼어요. 아버지께서 몸이 많이 안 좋아지셨다는 이야기를 전해 들었습니다. 거동하는 것도 힘겨워하신다는 소식이 저를 더욱 혼란스럽게 만들었습니다. 아버지를 찾아뵙고 싶은데 휴가 통제 때문에 쉽지만은 않을 것 같네요. 목사님, 저희 아버지를 위한 기도를 부탁드릴게요. 저도 이곳에서 기도를 간절히 하고 있지만, 한 사람의 기도보다는 다수의 중보의 힘이 더 크다는 것을 알기에 이렇게 부탁드립니다. 가끔씩 생각날 때 기도해 주실 수 있으세요? 감사드립니다, 목사님!

   아 참! ^^ 목사님, 계속해서 글을 쓰고 있는데 글을 쓴다는 것이 결코 쉽지만은 않네요. 시간이 지나 썼던 글들을 다시금 보노라면 참 부끄러워요. 마음에 들지 않는 어휘 선택과 문장 구조가 너무나 많이 눈에 띕니다. 정말 부족하고, 모자란 저의 글을 읽어주시는 목사님께 깊은 감사를 드립니다. 앞으로 목사님의 귀한 조언 부탁드릴게요. 목사님, 날씨가 상당히 추워졌어요. 감기 조심하시고, 항상 건강하세요. ★ 그럼 이만 펜을 놓겠습니다.

From 박현수 청년

___ 제 3부

주에게 돌아감이라

2006년 2월 13일
우리 교회 전화번호

충북연회본부가 금년 초에 우리 교회 뜰 안으로 이사를 오게 되어서 전화를 새로 놓게 되었는데, 마침 우리 쪽에 새로운 국번이 생긴다는 소식을 들었다. 이런 기회에 우리 교회도 전화번호를 바꾸면 어떨까 생각하고 그 소식을 전해온 교인에게 알아보도록 부탁했다. '어떤 번호로 할까요?' 그래서 0001번을 알아보라고 했다. 사실 그 번호를 지목하게 된 동기도 정동제일교회가 1번이라는 사실을 알고는 언제부터인가 호시탐탐(?) 기회를 엿보고 있었던 것이다. 그 말을 들은 우리 권사님은 고개를 갸우뚱한다. 쉽지 않다 그 뜻이겠다. 아무에게나 주는 번호가 아니라는 것이다.

그런데 며칠 후 연락이 왔다. 이런저런 앞뒤 사정을 설명하면서 정말 하나님의 은혜로 그 번호를 얻게 되었다는 것이다. 자기는 상상도 못한 일인데 어쩜 그렇게 일이 잘 풀리는지 놀랍다는 것이다.

우리 교회의 전화번호는 238-0001번이다.

2008년 4월 22일

단숨에 읽은 "좋은교회" 이야기

김광덕 목사 (감리회본부 출판국 총무)

재미있게 읽었습니다. 은혜 받으며 읽었습니다. 정독하였습니다. 인도네시아 빈탄 호텔이 '방콕'이 되었습니다. 청주 좋은교회 이야기입니다. 책이 아니라 원고입니다. 참으로 '행복한 휴가'입니다.

한영제 목사의 30년 역작인 「믿음의 길 Ⅰ, Ⅱ」은 감리교회가 내놓을 수 있는 한국교회의 자랑입니다. 도서출판 kmc가 출판할 '좋은교회 이야기'(가제)가 최고의 베스트셀러가 되기를 소원하며 기도합니다.

(「쓰러지면서 일어섬」으로 2008년 8월 출간, 좋은교회의 모아두고 싶은 이야기)

십자가 없는 부활이 있을까요? 눈물의 씨 뿌림 없이 기쁨의 수확을 기대할 수 있을까요? 주님이 쓰시는 사람은 정금처럼 고난을 통과한 훈련된 사람입니다. 좋은교회 예배당 건축, 좋은교회가 세운 좋은 수련원, 참으로 아름다운 작품으로 수많은 목회자들을 놀라게 합니다. 감히 넘볼 수 없는 최고의 예술 작품입니다. 청소년시절 가난한 살림 때문에 아버지의 철공소에서 굵은 땀방울로 효도하였던 한영제 목사에게 주신 하나님의 선물입니다.

아버지의 집을 건축하기 위한 한 목사의 비전과 열정, 희생
그리고 영적 전쟁의 피 흘림의 역사.

그 어려운 과정에서도 태국에 1만 권(5천만 원)의 성경을 보내는 선교의 한 영제 목사는 큰 그릇의 좋은 목사입니다. 연약한 육체의 남편 목사를 공동변소에 가지 않게 하고 새벽마다 똥·오줌 요강을 비우다가 미끄러져 똥 벼락을 맞은 사모님의 헌신 없이 좋은 교회, 좋은 목사가 태어날 수 있었을까요?

항상 미소로 십자가의 삶을 사시는 좋은 사모님.

'좋은교회 이야기'
좋은 목사가 있는 교회
좋은 사모가 있는 교회
좋은 성도들이 있게 하시기에 '좋은교회'
좋으신 하나님이십니다.
우리 모두 '좋은' 은혜가 넘치기를 기도합니다.

2008년 4월

회갑의 나이

　　　　　은항골에 새로 들어와 함께 살기 위해 집을 짓고 있는 유 장로님 댁 조경을 하던 날이었다. 우리 교우 김대식 씨의 큰형님이 부강에서 조경을 하는데, 일꾼으로 동네 아줌마들 둘을 데리고 왔다. 잠시 쉬는 중이었다. 두 아줌마 중에 나이든 아줌마가 내게 대뜸 묻는다.

'여기 살아유?'
'여기서 일하는 사람이우?'
'예.'
'농사지어요?'
'아뇨. 그런데… 제가 농사짓는 사람 같아 보여요?'
'글씨, 아닌 것 같기도 하구.'
'왜요, 안경을 써서요?'
'사람마다 다른 거지유 뭐. 농사지어도 안경 쓰는 사람도 있고~.'
그래서 대뜸 나도 질문했다.
'교회 다니세요?'
'아뉴.'
'왜 안 다니세요?'
'한가하거나 마음이 편안한 사람이 교회 다니는 거지, 우리 같은 사람은 못 다녀유.'
'마음이 편해서 교회 가는 게 아니라, 교회 가면 마음이 편해져요. 사시는

마을 주변에 교회가 없어요?'

'있어유. 작은 교회인디 한 20명 모인다고 허대유.'

'그럼 좀 나가보세요. 그런데~ 아주머니는 나이가 어떻게 되세요?'

'몇 살 같아 보여유?'

'글쎄요?'

'나~, 토끼띠유!'

'토끼띠요? 그러면 얼마인가?'

'70이유.'

'70이요? 대단하시네요. 그 연세에 어떻게 이렇게 현장에 나와 일을 다 하세요. 정말 건강하고 젊으시네요. 놀랍네요, 정말.

그럼 제 나이는 얼마나 돼 보여요?'

그분과 나는 잔디밭에 앉아 있었는데 아주 가깝게, 그러니까 한 1m의 거리를 두고 같이 앉았었기 때문에 희미하게 보이는 것도 아니었다. 게다가 아래위로 한 계통의 청색 트레이닝을 입고 있었기 때문에 다만 몇 살이라도 젊게 보일 거라고 생각했다. 그런데 그 아줌마가 입을 열어 하는 말이

'아, 회갑은 넘었을 테고~.'

'아니, 그렇게 보여요? 아줌마를 내가 젊게 본 것처럼, 아줌마도 저를 좀 젊게 봐줄 수 없어요?'

'그럼~, 쉰여덟?'

'아니, 좀 더 젊게 봐줘 봐요.'

세 번을 다그쳐 그에게서 나온 말이 쉰다섯 살이었다. 지금까지 언제나 사람들이 나를 젊게 봐주어서 그게 섭섭했는데, 이번엔 영락없이 그 아성이 무너지고 말았던 것이다. 정말이지 그 동안 나는 늙었다고까지는 생각하지 않았는데, 아니 늙어 보인다고까지는 생각하지 않았는데, 전혀 나를 알지 못하는 사람이 선입관 없이 본 나이였기에 가장 정직한 표현이 아닌가 싶어 충

격적이었다. 그렇다고 내가 밀짚모자 같은 것을 쓰지도 않았다.
 그 날 그는 일이 끝날 때까지 내가 이 은항골 교회의 담임목사라는 걸 모르는 것 같았다. 하지만 그 이튿날 아침에 동료들과 같이 와서는 공손하게 허리 굽혀 이렇게 인사를 한다.
 '목사님, 안녕하셨어요?'
 내가 목사란 걸 들은 모양이다.
 내 나이를 언급하면서 '회갑' 이야기는 처음이다. 그러고 보니 회갑까지는 한없이 먼 미래는 아니지 않은가?

 그래도 우리 교인들이 나를 그렇게까지 나이 많게 보지 않는다는 것에 위안을 삼고 싶었다. 하지만, 그것도 나만의 착각일까?
 얼마 후 어른들을 모시고 은빛나들이를 갔다 왔는데, 어느 여자 권사님이 나보고 다짜고짜 그런다.
 '목사님! 웃지 마세요!'
 '그, 뭔 소리요?'
 '웃으면 얼굴이 더 쭈글거리니까 하는 소리예요.'
 목사가 늙어가고 마른 게 그렇게도 싫은가 보다. 한참 버스 타고 가다 뒤돌아보니 다들 잠들었다. 자는 모습들이 예쁘지 않다. 내가 그럼 그분들에게 '자는 모습이 예쁘지 않으니까 자지 마세요' 그럴 수 있나? 그 권사님은 나를 너무 사랑하시는 분이다. 그럼 어떻게 하느냐고, 다 같이 늙어가는 것이 아니냐고 항의하듯 대꾸했다. 하지만 그분들의 하는 말은 내 생각과 다르다.
 '우리는 늙어도 목사님만은 늙지 마세요!'
 반대로 가르마를 타야 내 생긴 가마와 조화를 이룬다고 해서 오랫동안 하던 방향과 반대로 했더니, 머리카락은 차분해지는데 머리가 벗겨진 것이 예전 스타일보다 훨씬 더 드러난다. 원위치하는 내 심정을 권사님이 알겠는가?

2008년 5월 18일

꼬마 천사들

1. 2008년 5월 18일
   남자 꼬마 천사 (신가현)

주일이다. 그런데 힘이 들어 주일 낮예배를 힘 있게 인도하지 못했다. 설교하는 음성도 깨끗하게 나지 않았고, 뒤도 빠지는 듯했다. 오늘따라 자리마저 썰렁한 느낌이 들었다. 예배가 끝나고 교우들과 인사를 못하겠다. 그래서 그냥 내 방으로 들어가야겠다고 생각했다. 주섬주섬 강단에 놓인 물건들을 챙기고 있는데, 강단 앞으로 한 아이가 얼쩡거리는 것이 눈에 들어왔다. 나를 만나려 하는 눈치였다. 하지만 턱이 있기에 그 턱까지 와서는 올라오지 못하고 나만을 주시했다. 내가 강단에서 계단까지 한 10m를 이동하는 동안 그 아이도 그쪽으로 따라붙었다. 아무도 나와 인사를 나누지 않았다. 본래 그 자리에서 인사를 하는 경우는 흔치 않은 일이다. 아이는 대뜸 내게 이렇게 말을 한다.

'목사님~, 오늘 설교 잘했어요.'
너무 진지하게 표정까지 그래서 깜짝 놀랐다.
이 아이는 초등학교 1학년 남자아이이다. 초등학교에 입학한 지 석 달이 채 안 된 아이이다. 이제 입학한 지 두 달 남짓 된 아이 아닌가? 그런데 어쩜 거기까지 와서 내게 그런 말을 하고 가는 것일까? '안녕하세요' 인사하는 소리도 없었고, 그 이상의 어떤 말도 하지 않고 또 가는 것이다. 나도 그 아이와 더 얘기할 기운이 없었다. 그러나 내 방으로 들어오면서 가슴이 울렁거렸다.
　그 아이의 말 한 마디가 내 마음을 시원하게 해준 것이다. "무더운 추수 때의 시원한 냉수와 같아서, 그 주인의 마음을 시원하게 해준다"(잠 25:13)는 잠언 말씀이 생각난다. 바울도 비슷한 말을 했다.
　"이 사람들은 나의 마음과 여러분의 마음에 생기를 불어넣어 주었습니다"(고전 16:18).
　그 일이 며칠이 지나도록 잊히지 않았다. 아이의 말이지만 내 마음을 위로해준 것이 사실이기에 힘들어 지쳤던 내게 주어지는 천사의 소리 같았다. 그렇다면 '꼬마 천사'일까?
　사무실에서 그 말을 했더니, 그렇지 않아도 그 날따라 그 두 형제가 예배 시간에 앞자리에 앉아 유난히 찬양을 크게 불렀다고 했다. 그래, 그렇구나! 나도 들었다. 설교 직전에 모두 자리에서 일어나 '두 손 들고 찬양합니다'를 실제로 두 손을 들고 찬양을 하는데, 웬 변성기가 지나지 않은 사람의 소리가 오른쪽에서 들렸다. 나는 속으로 생각하기를 중학교 남학생이 아직도 음이 높구나 싶었다. 한 옥타브 높게 부르는 것이다. 바로 그 아이와 열한 살 4학년짜리 형의 소리였던 것이다.

2. 2008년 6월 8일
여자 꼬마 천사 (박신영)

　요 며칠 힘이 들어 겨우 버텨왔는데, 오늘도 역시 예배 후 교우들과 인사를 나누지 못하고 방에서 쉬다가 밥 먹으러 나왔다. 그리고 잠시 바람을 쐴 겸해서 관리파트 직원들과 함께 뜰을 걷고 있었다. 어린이 놀이집으로 만든 뽕나무집(삭개오집)에서 놀고 있는 아이들이 보였다. 대여섯 명은 되어 보였는데, 그 가운데 4~5학년짜리 두 남자 놈의 손에는 맥문동 새순들이 한 움큼

씩 쥐어져 있었다. 소꿉놀이를 하고 있는 것 같았는데, 올라온 새순들을 모조리 따가지고 그렇게 한 아름을 쌓아놓았다. 이른바 식사준비를 한 모양이다.

그런데 그때 두 여자아이들이 내게로 다가오더니 한 아이가 그런다. 손에 웬 책이 들려 있다.

'목사님, 이 책 어떻게 쓰신 거예요?'

'무슨 책이니?'

보니까 내가 쓴「소년과 보트」인데, 얇은 표지 껍데기는 없고 하드의 속표지를 모처럼 보니까 내 책인지도 미처 몰라봤다.

'이 책을 읽고 있어요. 여기까지 읽었어요.'

책갈피 끄나풀로 표시해 둔 부분은 어림잡아 3분의 2 지점은 되는 것 같았다.

'이해할 수 있어?'

'예, 재미있어요.'

'너 몇 학년이니?'

'3학년이에요.'

깜짝 놀랐다. 초등학교 3학년짜리가 이 책을 그만큼이나 읽었고, 또 재미있다고 하니 말이다. 놀면서도 그 책을 들고 다니는 것이다. 엄마가 읽으라고 한 것인지, 아니면 자기가 그 책을 골랐는지 궁금하긴 하지만, 어쨌거나 놀랐다. 어깨를 두드리면서 읽어주어서 고맙다고 했다.

조금 후 언덕(뽕밭)으로 올라갔더니 두 아이가 조르르 오더니 내 어깨와 등을 두들기며 안마를 해주는 것이 아닌가? 팔도 주물러 주고.

'아, 시원하다. 너희 집에서 평소에도 많이 하는가 보구나. 잘하는데?'

정말 아이들이 열심히 두드리니까 시원한 기분이다. 더욱이 그들의 갸륵한 마음과 손길이 잠시나마 얼마나 위로가 되던가? 아이들이 힘들어할까 봐 조금 후에 '이젠 됐다. 고맙다' 그러고는 이제 가서 놀라고 했다.

천사 중에 남자 꼬마 천사도 있고, 여자 꼬마 천사들도 있구나.

2008년 7월 27일

뿌리를 찾아서
창립 23주년주일

창세기 26:17~25, 에베소서 1:3~6

저는 지금 사는 청주와 특별한 인연이 없습니다. 굳이 따지자면 제가 '청주 한씨'라는 것밖에는…. 어쩌다 이곳에 머물게 된 것은 군목 때 이곳 청주공군부대에 부임하고 이곳에서 전역하였다는 것이 가장 직접적인 이유입니다. 그런데 기독교 역사적 측면에서 보면, 이곳 청주에 복음이 전해지는 과정에서 빼놓을 수 없는 것이 공주에 파송되었던 감리교 선교사들의 활약입니다. 청주지역 선교의 시작은 장로교회가 아니라 감리교회였습니다. 그러다가 1909년 감리교와 장로교 선교사들이 선교의 구역을 나누면서(교계예양) 이곳에 있던 감리교회들이 북장로회로 이적한 것입니다.

미감리회는 1892년에 충청남북도를 포함하는 서울 이남의 모든 지역을 '수원공주구역'으로 정하고, 1893년부터 선교사업을 활성화시켰습니다. 원래 충청남북도는 하나의 지역으로 보고 있었던 것입니다. 1898년 가을, 우리 이름으로 서원보라고 하는 스웨어러(W.C. Swearer) 선교사를 임명하여 1899년부터 수원공주구역 선교사업을 전담하도록 하였으며, 1903년에는 의료선교사 맥길(William B. McGill)이 공주에 주재하였고, 1904년 스웨어러 선교사가 〈감리회보〉 편집위원으로 서울로 올라가면서, 처음으로 충청도 지역만을 전담하는 샤프(Robert Arthur Sharp) 선교사 부부가 공주에 주재하게 되었습니다.

다시 정리하면, 지금 제가 사는 청주지역의 선교를 전담한 첫 목회자는 샤프와 그의 부인이었습니다. 그가 물론 청주를 방문하여 전도했습니다.

1907년 스웨어러 선교사의 보고서를 보겠습니다.

'나는 공주에 땅을 사서 사업을 시작했고, 그곳에서 맥길 형제와 샤프 형제가 지도하는 가운데 교회가 밝은 전망을 보이면서 시작되었다. 그래서 신자들의 영향력들이 이곳에서부터 사방으로 퍼져나갔다. 나는 이 지방의 중심지들을 방문했다. 청주에서 강한 교회를 하나 세웠고, 홍주 근처에서도 속회를 시작하였다. 충주를 직접 방문하고 사업을 돌아본 후 그곳에 사업을 투입할 계획을 세우고 면소재지 몇 곳에 일꾼들을 배치했다.'

여기에서 주목할 것은 '청주에서 강한 교회를 하나 세웠다' 는 부분입니다.

1902년 스웨어러는 청주를 포함한 충청북도 지역을 두 번 순회하였습니다. 1903년에는 정식 조사 한 명을 고용하여 청주에서 매일학교(Daily School)를 운영하였으며, 그로 인해 약 2백 명의 사람들이 예수를 믿었습니다.

어느 사학자(고성은 목사)는 이 매일학교와 청남초등학교 전신인 사립광남학교의 연관성을 제기하고 있습니다. 그러나 다른 연구가는, 사립광남학교는 현 청주제일장로교회의 부지인 청주진영 기지에서 운영하고 있었으므로, 미감리회의 조사가 운영한 매일학교 및 200여 명을 개종시킨 미감리회 공동체와는 지역적 위치가 다를 것으로 추정합니다. 청주읍교회 설립 이전 시기의 미감리회 공동체 및 교회는 청주읍 지역에 위치한 것이 아닌 청주군(현재의 청원군) 지역에 위치하고 있었다고 생각하는 것입니다. 청원군에 위치한 우리 교회로서 역시 주목할 부분입니다.

1904년에는 청주 계골 오흥서의 집에서 감리교회가 설립되기도 하였습니다(오흥서는 1907년 진천구역으로 파송받은 오흥소와 동일인물로 보인다). 청주 계골의 현재 위치를 추정하기는 어렵습니다. 현재 청주시의 행정구역 내에 남아 있는 지명에서 계골의 흔적은 발견할 수 없으며, 다만 현재의 청원군 지역 중 한 곳으로 추정할 뿐입니다.

청주제일장로교회(청주읍교회)가 설립되던 1904년의 미감리회 통계에는, 청주지역(구역)에 입교인 19명을 비롯하여 학습 원입인까지 합쳐 654명의 교인이 보고되고 있습니다. 이 통계에는 충남 연기 지역의 통계도 포함되어 있음을 감안하더라도, 당시 청주에는 적지 않은 수의 감리교인이 있었음을 알 수 있습니다. 놀라운 사실입니다.

　1909년까지 청주군 관내에는 8개의 감리교회가 존속했습니다. 1919년 삼일독립운동 때 청주군 출신 목사 세 분(신홍식 신석구 정춘수)이 33인 대표 명단에 들어간 것도 눈여겨 살펴볼 필요가 있습니다. '미감리회 공동체들과 교회는 청주읍성을 중심으로 하는 청주 중심부가 아니고, 대부분 청주 근교에 형성된 것으로 보이는' 것 역시 청원군에 소재한 우리 교회의 관심을 끕니다.

　청주에서 공주까지 주일예배를 출석하던 교인들이 있었다고 샤프 선교사는 보고하였고, 그 사실을 증언하는 이도 있습니다.

　청주제일교회 역사(청주읍교회 문헌)에서 확인되는 대표적인 감리교인은 김나오미와 약전골목에서 한의원을 경영하던 송태용, 두 사람입니다. 청주읍교회 설립 기사의 첫머리를 장식하는 여인 김나오미는 본 교회 고 박종헌 장로의 할머니입니다. 그녀는 1904년 청주읍교회가 설립되자 밀러(F. S. Miller) 선교사를 도와 전도에 열심을 다했던 청주읍교회 초대신자입니다. 미감리회 스웨어러 선교사의 청주 순회전도 시에 믿기 시작하였으며, 박종헌 장로의 증언에 따르면, 청주에서 충남 공주까지 주일예배에 출석하였던 신실한 신앙인이었습니다.

　샤프 선교사는 '공주교회에는 예배를 드리기 위해서 40리 밖에서 정기적으로 교회에 나오는 사람들이 있다. 또 내가 알기로는 북쪽으로 80리나 떨어진 곳에서 오는 사람도 있다'고 기록하고 있습니다. 샤프의 보고서에는 80리 떨어진 곳이라고 되어 있는데, 실제로 청주에서 공주까지는 90리입니다. (청주의 서쪽지역인 우리 교회 근처로 보면 80리입니다.)

1909년 지역분할로 미감리회에서 북장로회로 이적한 교회들은 모두 여덟 교회입니다.

남일면 두산리의 두산교회는 예양 후 바로 폐지되었다고 합니다. 오창면 후기리의 동점교회(폐지), 청주군의 이기교회(폐지), 상당구 율량동의 율량리교회(폐지), 그리고 옥계리에 옥계교회, 오리동에 오리동교회, 남일면 쌍수리에 쌍수교회, 오창 혹은 옥산에 신평교회가 있었습니다. 1909년 이전까지 청주군에 있었던 감리교회들입니다.

그러나 청주지역 미감리회 공동체들과 교회들은 자신의 의사와는 무관한 교계예양에 의해 폐지 혹은 흡수 소멸되었습니다. 이들에게 주어졌던 청주와 충북지역의 소명은 이후 북장로회 청주읍교회로 이어졌습니다. 선교의 배턴(Baton)이 감리교회에서 장로교회로 넘어간 것입니다.

일제통감부가 한일합방을 준비하며 한국통치를 위한 사전작업의 일환으로 간행한 책 「융희삼년조사 한국충청북도일반」(隆熙三年調査 韓國忠淸北道一斑)에 따르면 – 이것은 1909년 자료인데, 1904년 11월 1일 남문외 서변리에 세워진 장로교에는 117명의 교인이 있었습니다.

이 자료에 감리교회로는 세 교회가 나타납니다. 장로교회보다 1년 8개월 앞선 1903년 3월 10일, 남이면 이현리에 교회를 세웠으며, 신도수도 132명에 달했습니다. 포교자명으로는 '케이블'이라고 되어 있습니다. E. M. Cable은 공주제일교회의 기록을 보면, 1907년부터 1913년 사이에 공주에서 활동한 선교사입니다(스웨어러의 뒤를 이어 이곳 남지방 장로사 – 지금의 감리사로 1907년 11월에 부임).

그리고 1903년 7월 26일, 서주내면 신기에 신도 28명이 모이는 교회가 있었습니다. 청주군 서주내면 신기리는 1914년 행정구역 통폐합에 따라 가경리와 개신리로 나뉘어 사주면에 편입되었다가, 1963년 가경동과 개신동으로 청주시에 편입되었습니다. 그 외에도 산외일면 쌍교(1905년 1월 8일)에 50명의 신도가 있었는데, 그곳은 북일면, 즉 지금의 내수읍 세교리(細橋里)로 추정됩니다.

우리는 이 중에서도 이현리에 있던 교회와 신기교회에 관심을 갖습니다. 앞서 말한 바와 같이 신기교회는 우리 교회와 근접한 가경동, 개신동 근처였기 때문입니다. 우리가 봉명동에서 가경동 감나무골에 3천 평의 부지를 새로 마련하고 예배당을 신축하던 일이 있었잖습니까?

게다가 이현리교회는 '남이면 이현리'라고 기록하고 있습니다. 혹자(최지호)는 이곳이 오늘의 남이면이 아니라 서주내면(西州內面) 이현리라고 말합니다. 청주군 서주내면은 현재의 청주시 흥덕구 사창동, 운천동, 복대동, 가경동 지역으로, 가경동에는 이현(梨峴), 배티, 박배티로 불리는 지명이 남아 있다는 것입니다. 그러면서 현재의 청주시 흥덕구 가경동으로 추정합니다. 우리가 주택공사로부터 받아놓은 종교부지가 이 근처라는 것도 우연이겠습니까? 충북의 관할본부인 충북연회본부가 우리 교회의 뜰 안에 있다는 것이 우연이라고 생각하십니까?

과연 '남이면'이라고 한 것이 오늘의 남이면인지, 아니면 서주내면인지는 확실치 않지만, 남이면이든 서주내면이든, 가경동 일대와 남이면은 실제로 인접해 있습니다. 그리고 남이면 중에서도 지리적으로 이 둘 사이에 가장 가까운 곳은 석판리입니다. 저는 그래서 지난주부터 이 부근에 배나무가 자라는 곳이 어디인지를 유심히 관찰하기 시작했습니다.

어느 철이 되면 우리 은항골에 하루 종일 라디오 소리가 멀리서 들려옵니다. 사실 너무 장시간 들려오니까 소음으로 느껴졌습니다. 음악소리도 한두 시간이지 하루 종일, 그것도 몇 날 며칠을 그렇게 틀어대니 견딜 수가 없었습니다. 하루는 사람을 시켜 그 진원지가 어디인지 확인하고 꺼줄 수 없겠느냐고 말해 보라고 했습니다. 알아본 결과 우리 너머에 배를 키우는 과수원집에서 결실시기가 되면 새를 쫓기 위해 그렇게 크게 방송을 틀어놓는 것임을 알았습니다.

여러 가지 기록을 종합하면, 청주군 관내에서 설립일이 가장 빠르고 신도수가 가장 많았던 이현리교회가 스웨어러의 기록에 나타나는 '강한 교회'로 추정됩니다. 또한 연구가는 이 교회가 〈사기〉의 청주군 이기(梨崎)교회가 아닌가 추정합니다. 이현리교회(梨峴里敎會)를 이기교회(梨崎敎會)로 추정하는 근거는, '이현'과 '이기' 모두 '배나무 고개'를 의미하여 지명의 연관성이 보이기 때문입니다(최지호, '미감리회와 북장로회의 청주 충북지역 초기 선교' - 1904년을 전후한 청주지역을 중심으로/충북기독교역사연구회보 제32호/2008. 7.).

다시 말하거니와 1904년 청주읍교회가 공동체를 형성하던 시기에는 이미 미감리회에 의해 형성된 여러 공동체가 있었습니다. 청주제일장르교회보다 빠른 1903년 3월 10일과 1903년 7월 26일(오늘은 7월 27일이다. 우리 교회가 공식적으로 창립예배를 드린 날이다.)에 각각 세워진 감리교회가 있었으며, 그 교회들은 모두 가경동 일대 혹은 남이면 우리가 위치한 석판리에 근접한 곳이라는 점입니다. 은항골은 석판리에서도 가장 가경동 쪽에 자리 잡고 있습니다. 게다가 그 교회는 '강한 교회'였습니다. 부흥하는 교회였습니다. 성장하는 교회였습니다.

이 부분에서 충북기독교역사를 연구하는 분은 이렇게 덧붙입니다.

'이들 청주지역 미감리회의 공동체와 교회에 관한 연구가 진전되어 기록에 남아 있는 교회들의 상관관계가 밝혀지길 기대한다.'

만일 우리 교회가 역사에 기록된 교회의 뿌리를 찾는다면, 오늘 창립기념 예배는 23주년이 아니라 105주년이 되는 것입니다.

이 지역에서 가장 오래된 감리교회는 청주제일감리교회입니다. 이 교회는 1951년 5월 27일, 한국전쟁으로 피난 온 이들이 수동에 자리하고 있던 미군 병사부의 채플을 빌려 예배를 드린 것에서 시작했습니다. 하지만 이 교회 40년사에는 청주지역 초기 감리교 역사에 대해 아무런 언급이 없습니다.

그리고 오정목 교량 옆에 있는 초가집에서 1963년 7월 에덴교회가 두 번째 감리교회로 창립되었습니다.

남들은 역사를 왜곡도 하는 판에, 우리가 우리의 역사를 모른다는 것은 무식을 넘어 무책임이요 불성실이라고 할 수 있습니다. 제가 청주에 온 지도 26년이 되었습니다. 1982년 8월에 이곳으로 부임해 왔으니까요. 그런데 그때 그 누구도 이곳 감리교회의 역사를 일러준 사람이 없었습니다. 우암산 삼일공원에 세워진 독립운동가들의 얼굴들 중 절반이 감리교회 목사님이라는 사실도 일러주지 않았습니다. 그것을 스스로 알아내기까지 시간이 걸렸습니다. 그리고 20년이 흘러 우리 교회 창립 20주년과 봉헌식 때 믿음의 선배들의 흉상을 이곳 은향골에 세운 것입니다.

아마도 타 교파 분들은 이 세 분이 감리교회 목사님이라는 사실을 알았을 것입니다. 하지만 아무도 그런 것을 말하지 않았습니다. 감리교 목사님들 외에는 아무도 없기에 부끄러워서 그랬는지도 모르겠습니다. 청주지역은 장로교 지역이라고 자부함에도 독립운동에 앞장선 분이 아무도 없었다는 말입니다.

역사는 과거의 사건을 들추어내는 일만이 아닙니다. 현재에서 과거를 해석하고, 그렇게 함으로써 미래를 향한 향방을 자각하는 일이 역사 연구의 목적입니다. 역사를 주관하시는 하나님께서는, 지난날의 역사에 관심을 가진 이들에게 미래를 맡기시는 것은 아닐까요? 역사의식을 가진 이에게 역사를 끌고 나가도록 하시는 것이라고 믿는 것입니다.

다시 말하거니와 저는 이곳에서 태어났거나 자란 사람이 아닙니다. 그러나 어언 26년을 여기서 살았습니다. 고향에서보다 더 긴 세월을 이곳에서 보냈습니다. 그런 의미에서 보면 이곳은 '제2의 고향'이 아니라, 이제 제가

'이곳 사람'이 되어 버린 것입니다. 글자 그대로 '청주사람'(청주양반)이 되었습니다. 여성이었다면 '청주댁'이 되었을 것입니다.

언젠가는 내 호적지를 이곳 청주로 옮기려고 마음을 굳혀 왔습니다. 나만이 아니라 우리 가족 모두를 이적하고자 했던 것입니다. 어디로 할까 많이 생각했습니다. 이 문제를 두고 기도를 하기도 했습니다. 그때마다 하나님께 아뢴 것은, 이곳 은항골 77번지를 호적지로 하겠다는 것이었습니다. 은항골 예배당이 완성되는 날 그걸 결정하려고 했습니다. 그러고도 이제껏 미루어 왔습니다. 더 많이 생각하고 싶었던 것입니다. 먼 훗날에도 그것이 과연 덕이 될지도 생각했습니다. 또한 나만이 아니라 우리 가족, 특히 우리 아이들에게도 동의를 구하고 싶었습니다. 그러나 서둘러 결심하지 못한 또 하나의 원인은, 시대가 바뀌어 모든 서류에 호적을 기록하지 않는 분위기가 된 것입니다. 호적지가 거의 무의미하게 되었습니다.

제가 지금까지 역사를 언급하면서 '샤프'라는 선교사를 이미 일곱 번이나 거명하였다는 것을 여러분이 아셨으면 좋겠습니다. 샤프와 그의 부인을 잘 기억해주십시오.

Robert Sharp 선교사는 1904년 공주 선교부 책임자로 임명되어 왔습니다. 그리고 선교활동은 물론 (Frank E. C. Williams가 1905년 영명학교를 설립하기 이전부터) 교육활동을 시작했습니다.

'Some time in 1904 Reverend Robert Sharp organized a small School with one teacher and a few boys in attendance' (History of GongJu Mission School).

샤프 목사는 1872년 캐나다에서 출생하였습니다. 그리고 서른한 살 되던 1903년 미감리회 선교부가 그를 한국 선교사로 임명하였습니다. 그리고 한국에 와서 하몬드(Alice J. Hammond)라는 여성과 결혼합니다. 그녀는 샤프보다 3년이 빠른 1900년에 내한하여, 상동교회와 지방전도사역을 하고 있었습니다. 그 동안 순회선교에 집중하던 샤프는 결혼 후 부인과 함께 1905년 여름에 공주로 내려와 초라한 초가집에 신방을 꾸몄습니다.

그곳에는 두 채의 초가집이 있었는데, 바깥채(外舍)는 곧 공주 최초의 교회 건물이 됩니다. 공주읍교회(공주제일교회)의 시초라는 말입니다. 남부지방 감리교회의 모교회로서, 선교는 물론 민족운동과 교육운동의 기수로 근대 한국 사회에 끼친 영향은 실로 지대합니다.

그리고 안채(內舍)는 공주 최초의 근대적 학교였습니다. 의료 선교사 맥길이 진료실로 사용하던 건물을 그가 1904년 떠나고 샤프가 부임하면서 학교 교실로 용도를 바꾼 것입니다(「영명 100년사」 77~78).

다시 말하지만 이 자리는 초기 기독교 역사에서 매우 중요한 곳입니다. 적어도 한국감리교회, 특히 한강(서울) 이남 지역에서는 선교적으로 가장 요지입니다. 한반도 남부지역(경기도 남동부, 충청남북도, 경상도, 전라도와 제주도를 포함)의 선교 진앙지(선교거점)입니다. 청주를 비롯한 충북의 선교도 이곳에서 유출되었습니다. 이른바 발원지랄까요? 그야말로 본부였습니다.

그런데 그 188평의 부지, 중동 322번지는 저와 우리 집의 본적지라는 것을 여러분은 아십니까? 저도 이번 주에 알게 된 것입니다. 사실 저도 그곳이 얼마나 중요한지를 잘 몰랐습니다. 왜 그 자리를 우리 집의 본적지로 했는지도 잘 모르겠습니다. 어쩌면 거기서 우리가 살 때 정부에서 호적을 정리하는 행정처리를 진행하지 않았을까 짐작해 봅니다. 그렇다면 약 60년 동안 그렇게 본적지로 써왔습니다. 우리 아버지는 그 자리의 신앙적 의미와 선교 역사를 알고 계셨을까요?

우리 식구들이 거기서 살 때는 저는 아직 태어나기도 전이었고, 내 바로 위의 형(한영성 목사)이 거기서 태어났다고 들었는데, 아직도 본적지를 그대로 두고 있거니와, 그곳이 어디인지도 모르는 우리 아이들마저 본적지가 그곳입니다. 굳이 따진다면 제가 고등학교 다닐 때 그 기독교사회관에서 잠시 소사로 아르바이트를 한 적이 있습니다. 그저 버리지 않고 오랫동안 지니고 있던 것이 그렇게 가치가 있는 보물이라는 것을 새삼 깨닫고 놀라는 것과 같습니다.

1921년 12월, 맥길이 진료실로 사용하고, 샤프가 교회와 학교로 사용하던 그곳에, 영국인 방은두(N. Found) 의사가 와서 빨간 벽돌로 건물을 짓고(1923년 2월) 병원을 개설합니다(방은두 병원). 1926년 건물이 증축되면서부터는(내가 본 머릿돌에는 이 연도가 적혀 있었음) 아동병원 외에 임산부교육, 우유급식 등 사회사업도 하였고, 간호학교도 설치했습니다.

특별히 덴마크 여성 보딩(M. P. Bording) 양은 어린아이들에게 많은 관심을 두어 어린이 복지사업을 시작했습니다. 그리하여 1924년 1월 영아관(공주중앙)을 창설하였는데, 이것이 어린이 복지사업으로 시작된 한국 최초의 탁아소입니다. 제가 초등학교 다닐 때에는 '모자지도관'이라고 간판이 붙어 있었고, 후에(1968년 10월) 기독교사회관으로 개칭하였습니다.

다시 샤프의 시대로 돌아와서, 그러다가 샤프 선교사 부부는 그곳 초가집에서 과히 멀지 않은 곳에 서양식 건물을 짓습니다. 이 집은 공주지방에서 최초로 세워진 서양식 집으로, 주민들의 호기심과 구경거리가 되었습니다. 인근 주민은 물론 먼 데서까지 이 집을 구경하기 위해 찾아왔습니다(이덕주, 「한국교회의 처음 이야기」 73~78).

공주 사람들은 언덕 위에 2층짜리 붉은 벽돌집들이 올라가는 것을 신기한 듯 쳐다보았습니다. 1905년 11월, 사택이 완공되자 샤프 부부는 양관을 마을 사람들에게 공개했습니다. 남녀노소 할 것 없이 구경꾼들이 몰려왔습니다. 거드름 피우던 공주 양반들도 뒷짐 지고 올라왔습니다.

선교사 집은 신기한 물건들로 가득 차 있었습니다. 현관을 지나 응접실과 식당, 서재와 침실까지 구석구석 둘러보며, 샤프 부부가 서양 물건들을 어떻게 쓰는지 실연(實演)해 보이면 구경꾼들은 감탄사를 연발했습니다. 구경을 마치고 나가던 노인은 현관에 걸린 거울 속에 비친 자기를 보고는

'자네도 구경 왔나? 어서 들어가 보게나. 헌데 자네, 어디서 많이 본 것 같은데~'

하여 선교사 부부를 웃겼습니다. 구경을 하던 마을 양반 하나가 정색을 하며 한마디 했습니다.

'목사, 당신은 천당에 갈 필요가 없겠소. 이렇게 멋지고 좋은 집에서 사니 천당인들 이보다 더 낫겠소?'

화정(꽃우물)교회 교인이 우리 기도원(좋은동산)을 와서 보고는 '얼마나 좋은지 천당에 온 것 같다' 고 했다는 이야기가 기억납니다(박인환, 「꽃우물에 따뜻한 교회가 있네」(도서출판 kmc) 76~77). 공주 사람들 눈에 선교사들이 사는 집은 '천당집' 으로 보였습니다. 사실이 그러했습니다.

샤프 선교사는 이렇게 몰려드는 구경꾼들을 맞는 것으로 공주 선교를 시작했습니다. 개인 생활은 물론, 선교 계획에도 적지 않은 차질이 생겼으나, 몰려오는 구경꾼들을 막을 수 없었습니다. 오히려 그것을 전도의 기회로 삼았습니다. 선교사 부부는 찾아오는 구경꾼들에게 식탁에 앉아 기도하고, 서재에서 성경 읽고, 응접실에서 오르간을 치며 찬송을 부르는 모습을 보여주었습니다. 이런 식으로 구경꾼들에게 '예수님을 모시고 사는 생활', 곧 천당 생활이 어떤 것인지 보여주었습니다.

효과도 있었습니다. 선교사들은 이런 전도 방법을 '구경 미션'(Gukyung mission)이라 불러 한국에 처음 온 선교사들에게 적극 권장하기도 했습니다.

구경하다 보면 관심을 갖게 되고, 그러면서 믿게 되는 것이 아니겠습니까?

낯선 사람들이 교회에 구경 오는 것을 가볍게 생각하지 말아야 할 것 같습니다. 구경도 미션이기 때문입니다.

여러분도 그 건물을 보고 싶지 않습니까? 제가 여러분에게 보여드릴 수 있어서 하는 말입니다. 사진으로 보여드린다는 말이 아닙니다. 그 건물은 지금까지 남아 있습니다. 제가 그 동네에 살 때에는 교육대학 여자 기숙사로 사용하고 있었습니다. 늘 그 3층 옥탑방에서 풍금소리가 정겹게 들려오곤 했습니다. 그런데 나중에 가보니까 무당인지 도사 같은 사람이 뭘 차리고 영업을 하고 있었습니다. 하도 기가 막혀서 우울한 마음으로 내려왔습니다. 조금만 여유가 있으면 사고 싶다고 형제들과 얘기했습니다. 정말 안타까웠습니다

그런데 얼마 전에 학교 교목이 저를 보더니 반 강제로 그 건물로 데리고 갔습니다. 지금은 예수를 믿는 사람 손에 넘어가 있고, 매각할 생각이 있는데, 기왕이면 이 역사적 가치가 있는 건물을 감리교회와 학교에 넘기고 싶다는 것입니다. 기독학생대의원들이 그 빈집에 들어가 임시로 기도와 성경공부를 한다고 하면서, 나를 붙잡고 사달라고 간청했습니다.

미감리회 해외선교 100주년 기념사업으로 1921년 신축한 학교 건물이 2002년에 철거되었습니다. 이때 아주 중요한 역사적 자료들이 그 건물 머릿돌에서 쏟아져 나왔습니다. 어쩌면 샤프 선교사 사택에서도 그런 류의 가치 있는 보물들이 나올지도 모르겠습니다.

선교사 내외는 집안에 머무르며 '구경 미션' 만 한 것은 아닙니다. 선교부

밖으로 나가 전도하기 시작했습니다. 샤프는 공주를 거점으로 천안과 조치원, 멀리 청주까지 나가 전도하였습니다. 그는 '천당 같은 집'에 살기보다는 위생과 환경이 열악한 시골을 찾아다니며 전도하는 것에 더 열심이었습니다.

실제로 샤프가 '천당 같은 집'에 산 것은 석 달도 못 되었습니다. 1906년 2월, 사경회를 인도하기 위해 논산 은진(강경?) 지방에 갔다가 발진티푸스(이질/「영명 100년사」에는 장티푸스로 되어 있음)에 걸려 손도 못 써 보고 3월 15일 별세한 것입니다. 부인의 정성어린 간호와 교인들의 눈물어린 기도가 있었지만, 결국 하나님의 부르심을 받았습니다. 시골길을 가다가 진눈깨비를 피해 들어간 집이 하필이면 상여를 보관하는 곳이었고, 그곳에서 얼마 전 이질로 죽은 시체를 담았던 상여를 만진 것이 화근이었습니다.

샤프의 무덤은 그가 지은 '천당 같은 집' 뒤편 언덕에 마련되었습니다. 지금은 소나무로 가득한데, 나는 종종 그곳에 올라가 뛰어놀았습니다. 그 비석을 강단으로 하여 예배드리는 흉내를 내기도 했습니다. 샤프 선교사의 사택과 무덤은 그야말로 지척에 있습니다.

그 근처에는 공주제일교회 20대 담임 조근영(趙根英) 목사의 묘소가 있고, 저는 어린 시절 그 묘의 벌초를 했습니다(「쓰러지면서 일어섬」/2005년 3월 24일/한번쯤 만나 뵙고 싶은 사람). 그리고 세 살 때 홍역을 앓다가 일찍 세상을 떠난 제 막내 여동생도 바로 그 옆에 묻었습니다.

공주 사람들은 샤프의 갑작스런 죽음에 놀라움을 금치 못했습니다. '천당 사람'도 죽는다는 것에 실망한 사람도 있었을 테지만, 자기 몸을 돌보지 않고 시골집을 찾아다니며 '천당 복음'을 전하다 희생당한 것에 감동한 사람이 더 많았습니다. 그의 죽음을 온 교인은 목을 놓아 슬퍼하였고, 학생들의 애석함도 이루 말로 할 수 없었습니다. 비록 2년이라는 짧은 기간의 활동이었으나, 그가 이룬 공은 높이 평가할 수 있습니다.

공주 사람들을 더욱 놀라게 만든 것은 남편을 잃은 샤프 부인의 이후 행동이었습니다. 결혼한 지 3년 만에 남편을 잃은 부인은 너무나 슬펐습니다. 그는 매일 울었습니다. 찢어지는 듯한 아픔을 어느 누구도 위로할 수 없었습니다. 그는 결국 그 해 본국으로 귀국합니다.

그러나 그것도 잠시, 한국에서 맺은 정을 잊을 수가 없었고, 자신이 시작한 교육사업을 중단할 수 없었습니다. 그래서 2년 후인 1908년. 다시 내한하여 이곳에 옵니다. 남편을 잃은 곳이지만 그곳에서 남편이 심어 놓은 씨앗을 잘 가꾸기로 결심하고 사역을 합니다. 세 개의 여학교를 세우고, 충청남북도 각 교회를 순행하면서 선교활동을 펼칩니다.

사람들은 '한 알의 밀알'이 된 샤프 목사도 존경했지만, 사랑을 삶으로 보여준 샤프 부인을 더욱 우러러보았습니다. 샤프 부인은 그의 한국 이름 '사애리시'(史愛理施)의 이름 풀이처럼 '사랑의 이치를 베푼 사부인'이었습니다. 샤프 목사가 이역만리 이국 땅에 와서 자기 목숨을 희생한 것, 그 부인이 공주를 떠나지 않고 남편이 하던 일을 계속한 것도 '예수 사랑' 때문이었습니다.

30년을 넘게 공주에 살면서 영명여학교를 설립, 많은 인재들을 길러냈습니다.

삼일운동의 상징 유관순을 비롯하여 중앙대학 설립자 임영신, 한국인 최초 여자 목사 전밀라, 여성 교

육자 박화숙, 한국인 최초 여자 경찰서장 노마리아 등이 그의 가르침을 받은 대표적인 인물들입니다.

초창기 여학교 교실은 앞서 말한 중동 322번지였습니다. 그러다가 1918년 3층 양옥을 짓고(319번지) 옮겨갔습니다(「영명 100년사」 37).

이 교실을 짓던 당시 감리교회의 목사님은 신홍식(申洪植 1872~1939)이었습니다. 그가 공주제일교회의 8대 담임자로 취임한 것은 1916년 3월이었습니다. 그는 충북 청주 출신입니다. 우리 교회 뽕밭에 세워진 흉상들 중 가운데에 있는 분입니다. 기미독립운동 33인 민족대표인데, 1917년 7월에 평양 남산현교회로 파송되어, 평양에서는 감리교 신홍식 목사와 장로교회의 길선주 목사가 중심인물이었습니다. 삼일운동은 1919년인데, 여학교 교사를 지은 때는 그 이전이었습니다. 그가 이곳에서 목회할 때의 일입니다.

1916년 9월, 미국의 독실한 신자인 Sarah Young이라는 부인이 있었습니다. 당시 그는 80세였는데, 남은 생과 재산을 하나님의 사업을 위해 쓰기를 원했습니다. 그러다가 이곳 여자고등보통학교 소식을 듣고 결심합니다.

'이 땅의 쓸데없는 곳에 재물을 쌓아 두느니, 귀한 하늘나라의 일을 위하여 하늘에 재물을 쌓아 놓으리라'(마 6:19~21).

그리하여 여학교 건축비로 6천 원을 보내오게 된 것입니다. 학교에서는 고맙게 그 돈을 받고, 이듬해인 1917년 5월에 공사를 시작하여 벽돌 양옥으로 여학교를 짓게 됩니다. 기미년 바로 전 해인 1918년에 완공된 이 건물은 지하 1층, 지상 2층짜리입니다.

한번은 모교에서 천안 독립기념관에 전시된 사진이라면서 자료를 보내왔는데, 보니까 우리 집입니다. '유관순이 공부한 학교'라는 설명과 함께 실은 사진입니다. 과연 이 학교는 신교육의 요람이었고 독립운동의 진원이었습니다. 이 학교가 곧 우리 집이었고, 우리 집이 곧 학교입니다. 그 건물과 붙어 있는 숙직실과 화장실이 우리가 살던 곳이었습니다. 이 지하실은 우리 아버지가 하시던 철공의 작업장이었습니다. 내가 태어나서 한 달 만에 이사를 해서 15년 동안 어린 시절을 줄곧 보낸 중동 319번지는 곧 나의 고향집이기 때문입니다. 그 건물에서 우리는 밤낮으로 뛰어놀았습니다. 교실에서 잠도 수시로 잤습니다. (그 건물은 1987년 여름 집중호우로 인한 산사태로 무너져서 흔적을 찾을 수 없다.)

우리 형제들은 눈이 오면 그 학교 주변의 길을 모조리 쓸어야 하는 책임이 있었습니다. 아래 사진은 1940년경 여학생들이 마당의 눈을 쓸고 있는 장면입니다.

앞마당은 정구장으로 사용되었습니다. 역사자료를 보면, 이 마당에서 열린 1929년 전국 정구대회 여자 중등부 우승 기념 사진이 있습니다. 이 마당에서 사람들이 정구를 하던 모습과, 열을 지어 교육을 하던 일도 제 기억에 생생합니다.

샤프 부인, 사애리시 선교사는 1940년 일제에 의해 강제 귀환됩니다. 하지만 이미 그보다 2년 전인 1938년, 공주지방회에서 그의 선교사업에 공을 기려 기념비를 만들었습니다. 그 기념비를 세운 자리는 우리 집 바로 뒷마당이었습니다.

(가사실습 : 실뽑기)

그리하여 1905년 여학당을 설립한 사애리시(史愛理施, Alice H. Sharp) 여사의 기념 비석은 곧 내 어린 시절의 놀이터였습니다. 어린 시절의 사진 거의 대부분은 바로 이 학교 건물과 비석 주변을 배경으로 하였습니다. 옆 사진은 1940년경 사애리시의 기념비 주변을 청소하는 여학생들의 모습입니다.

청주의 기독교 선교 역사를 이야기하다가 뜬금없이 공주 이야기와 사적인 이야기로 바뀌었나 싶었을 것입니다. 저의 호적지와 현 목회지가 연관이 있다는 것에 새삼 놀랐습니다. 나의 출생 이전과 출생과 성장과 사역이 일맥상통하고 있다는 점에 전율을 느끼는 것입니다.

그렇습니다. 하나님은 우리를 쓰시기 위해 오래전부터 계획하고 계셨습니다. 만세 전에 우리를 택하시고, 당신의 자녀와 일꾼으로 삼기로 예정하셨다는 사실(엡 1:4~5)을 인정하십니까? 여러분이 이 자리에 있기까지 하나님의 인도하심이 있었음을 알고 있습니까?

오늘 우리가 이 자리에 있다는 것 자체가 놀라움입니다. 감격입니다. 흥분입니다. 여기에 사명이 있습니다. 이 자리가 사명지입니다. 그냥 보내신 것이 아닙니다. 하나님의 드라마 속에 우리가 있습니다.

오늘 본문에 주목합시다.

"이삭은 그곳을 떠나서 그랄 평원에다가 장막을 치고서 거기에 자리를 잡고 살았다. 이삭은 자기 아버지 아브라함 때에 팠던 우물들을 다시 팠다. 이 우물들은 아브라함이 죽자 블레셋 사람들이 메워 버린 것들이다. 이삭은 그 우물들을 그의 아버지 아브라함이 부르던 이름 그대로 불렀다. 이삭의 종들이 그랄 평원에서 우물을 파다가 물이 솟아나는 샘줄기를 찾아냈다"(창 26:17~19).

이 본문을 가지고 역사학자 이덕주 교수는 '역사의 우물을 복원하는 일'에 의미를 붙였습니다(「한국교회의 처음 이야기」 11~13). 신앙의 '2세대'를 대표하는 이삭이 한 일은 '1세대' 아브라함이 팠던 우물을 복원하는 것이었습니다. 아버지가 죽은 후 그 우물이 메워졌는데, 이제 아들이 그것을 복원하고 이름까지 회복시킨다는 것입니다.

1909년에 이양된 교회이니 100년 전의 일이군요. 오랫동안 메워져 있었으나 우리는 그 흔적을 보았습니다. 그래서 우리는 그 샘을 다시 파고자 합니다.

우리 교회가 좋은 이름을 가지고 지금까지 왔습니다. 우리 때문에 국내외에 초교파적으로 100여 개의 '좋은교회'가 있다는 것은 이미 다 아는 바입니다. 혹 언젠가 우리의 이름을 바꾸어야 할 이유가 생긴다면 – 후대의 여러분, 이현(梨峴)교회라고 해주십시오. 1903년 3월 10일에 설립된 교회의 역사를 이어가자는 뜻입니다. 제일 먼저 세워진 교회, 매우 강력한 교회, 그리고 우리 교회의 현재 위치와 가장 같은 교회가 이현교회이기 때문입니다.

이삭은 아버지의 우물을 복원하는 과정에서 아버지가 우물에 남긴 흔적을 발견하였고, 결국 그 바닥에서 생수를 얻었습니다. 그 일을 완료하던 날 밤에 주님이 그에게 나타나 말씀하셨습니다.

"나는 너의 아버지 아브라함을 보살펴준 하나님이다. 내가 너와 함께 있으니 두려워하지 마라. 내가 나의 종 아브라함을 보아서 너에게 복을 주고, 너의 자손의 수를 불어나게 하겠다"(26:24).

이삭이 우물을 통해 만난 것은 아버지가 마셨던 생수만이 아니었습니다. 아버지를 인도하셨던 하나님을 만났습니다. 아브라함의 하나님이 이삭의 하나님이 되셨습니다. 과거 선조들의 하나님이 오늘 우리의 하나님이 되신 것입니다. 죽은 조상의 하나님이 아니라 산 자의 하나님이 되신 것입니다(마 22:32). 역사의 주인공들이 만났던 하나님을 우리도 만나게 된 것입니다. 자랑스러운 지난날의 역사가 오늘 우리에게서 부활한 것입니다. 과거 이 땅에서 우리 신앙의 선배들을 인도하셨던 하나님께서 오늘을 사는 우리와도 함께하신다는 말씀입니다.

나의 안에 거하라 나는 네 하나님이니
모든 환난 가운데 너를 지키는 자라
두려워하지 말라 내가 널 도와주리니
놀라지 말라 네 손 잡아 주리라
내가 너를 지명하여 불렀나니
너는 내 것이라 내 것이라 너의 하나님이라
내가 너를 보배롭고 존귀하게 여기노라
너를 사랑하는 네 여호와라 (♪)

복을 주고 자손의 수를 불어나게 하겠다고 약속하시지 않습니까? 부흥의 역사가 일어날 것이라는 메시지입니다.

샤프 선교사가 못다 이룬 것을 샤프 부인 사애리시가 이룬 것처럼, 그들이 하던 사역의 배턴을 우리가 이제 이어받아야 할 것입니다. 청주에서 이루려 했던 사역이 중간에 끊기었지만, 그 놓쳤던 배턴을 다시 주워서 힘차게 달려야 하겠다는 말입니다. 어떤 이유에서든 남에게 넘겨주었던 배턴을 이제 되찾고, 역사의 경기장에서 함께 힘 있게 달려갈 수 있기를 희망합니다.

하나님은 저와 여러분을 이 자리에, 이 시대에 있게 하셨습니다. 그 있게 하신 이유를 깨닫는 시간이 되시기 바랍니다. 주의 음성이 우리의 귓전에 들려오지 않습니까?

이곳이 성지가 되게 해 주십시오.
이곳에서 하나님 나라를 위해 크게 쓰임 받는 인물이 나오게 하여 주십시오.
모세와 사무엘과 신석구 목사님 같은 민족의 지도자가 나오게 하여 즈십시오.
바울과 같은 목회자, 사애리시 같은 선교사가 나오게 하여 주십시오.
이곳에서 다윗과 같은 통치자가 나오게 하여 주십시오.
이곳이 우리의 고향이 되게 하여 주십시오.
이곳이 우리의 본적지가 되게 하여 주십시오.
우리의 영이 이곳에서 새롭게 태어나서 구원받고,
이곳에서 우리의 믿음이 양육되고,
이곳에서 우리의 삶의 의미를 깨닫고 사역을 감당하다가,
우리의 몸이 이곳 '좋은쉼터' 에서 안식하게 하옵소서.

2008년 10월

제천에 한 번 다녀와야 할 이유

권영석 장로, 김영애 권사

　　　　　조만간 제천(봉양)에 한 번 다녀와야겠다. 그 동안 미처 챙기지 못했던 우리 교회의 땅이 있기 때문이다. 한때 Y권사가 교회에 내놓은 임야가 있어 천안에 다녀온 적이 있는데, 이번에는 논이 있다는 것이다.

　기록을 뒤져보니 2002년 1월 6일 헌금 처리한 것으로 된 것을 보아, 아마도 2001년 연말쯤일지 모른다. 어느 날 K장로님 내외가 나를 찾아와 무릎을 꿇고 눈물을 글썽이면서 본인들의 재산을 헌납하겠다고 문서를 내밀었다. 택시를 운전하면서 4남매를 키우느라 그럭저럭 살아가는 처지에, 그나마 소유하고 있는 작은 아파트가 전 재산일 터인데, 어느 날 기도원에 가서 기도하고 와서는 선뜻 예배당 신축을 위해 내놓는 것이다.

　그때 우리 교회는 봉명동에서 은항골로 이사하기 직전이었다. 한창 공사를 마무리할 때이므로 건축비가 절실히 필요한 때이기는 했다. 하지만 어렵게 사시는 장로님에게 그런 심적 부담을 갖게 한 것이 미안했다. 왜 꼭 어려운 분들이 이렇게 헌금을 하는지 모르겠다. 좀 여유 있는 이들이 듬뿍 내놓으면 안 될까?

　손주까지 데리고 함께 살던 그들은 급기야 아파트를 팔아 헌금하고 그 많은 식구들이 사글세방으로 옮겼다. 때로는 사글세도 아닌 거저 살 수 있는 집을 찾다 보니 외곽의 허술한 폐가 같은 곳에 머물기도 했다. 다 허물어져 가는 농가였다. 사람들이 들어가 살 만한 집이 아니었다. 더구나 들리는 바에 따르면, 거기에서 살던 사람이 자살을 했다나 뭐 그래서, 사람들이 아예 그 집에 들어가 살 엄두조차 내지 못한다고 했다. 가보니 글자 그대로 흉가였다. 정말 미안했다. 하나님의 교회는 더 크고 아름답게 하기 위해 힘쓰고 있는데, 그 일을 위해 저토록 희생을 감수해야 하는 것이 안쓰러웠다.

그리고 6년이 지났다. 교회의 예배당은 완공되었고 봉헌도 했다.
얼마 전의 일이다. 지난 6월로 기억한다. 장로님이 조심스레 제천의 땅은 어떻게 처리할지를 묻는다. 무슨 소리냐고 되물었더니 아파트를 바칠 때 그것까지 함께 바쳤지 않느냐는 것이다. 무슨 말인지 전혀 알지 못했다. 그때 그 서류봉투에 땅문서도 같이 들어 있었다는 것이다. 당혹스러웠다. 그럼 그 서류는 어디로 갔다는 말인가? 그리고 그 동안 어떻게 이렇게 방치될 수 있었는가?

그럼 왜 그 동안 그 말을 하시지 않았느냐고 물었다. 이미 2005년 7월 20주년 때 봉헌식까지 했고, 건축헌금자 명단과 내역을 다 공개하였는데, 그때 누락된 것을 왜 확인 차 묻지도 않으셨느냐고 되물었다. 그렇지 않아도 아내가 몇 차례 확인해 보라고 했는데, 목사님이 어련히 알아서 처리하실까 봐 그러느냐고 대답했다고 한다. 장장 6년 6개월 동안 입을 다물고 계셨다는 말인가? 서둘러 사무직원들에게 확인을 하도록 했다. 그 서류가 분실될 가능성은 적다. 그렇다면 어디 있다는 거지? 결국 찾아낸 곳은 금고 안이었다. 우리의 불찰로 깊숙이도 감추어져 있었다.

제천시 봉양면 연박리 논 560평인데, 토지개량환지로 변경된 평수는 471평이다. 그분들이 사시던 고향 마을의 농지이다. 가을 추수철이 되어 바뀐 소작인이 쌀 세 포대를 가져왔다고 한다. 하나는 교회에서 사용하기로 하고, 나머지 둘은 각각 하나씩 장로님의 아들 목사님 교회와 사위 목사님 교회에 보내기로 했다.

장로님 댁도 얼마 전 작은 빌라를 새로 구입해서 이사하셨다. 그 동안 선임 장로로서 얼마나 책임감이 컸을까?

2008년 10월

나만의 골방(지성소)

우리 교회 기도원인 좋은동산에 나를 위한 방이 따로 마련되어 있다. 요즘 수도 없이 고민 중이다. '자주 사용하지 않는 방인데 그렇게 잠가 두어야 하나?' 수용인원(정원)을 줄였기 때문에 전보다 한산해졌지만, 오시는 분들을 더 편하게 모시려면 한 방의 인원을 더 줄일 필요가 있겠다. 깊이 고민해 본 적 없이 수년을 지내왔다. 그런데 요즘 와서 더욱 그런 생각을 하게 된 이유는 사실 엉뚱한 데 있다. 내 허락 없이 내 방을 여러 사람들에게 빌려준 일이 밝혀진 것이다.

아주 곱게 정리된 채로 제한시켰던 내 방의 난방기구도 바뀌었고, 바닥 카펫에 커피를 흘린 흔적이 보인다. 그럴 리가 없는데 싶었다. 내 이불 속에 여러 사람들이 들어와 자고 갔다는 것이 왜 그렇게도 싫을까? 그래서 이참에, 요즘 짓고 있는 동산 직원들을 위한 숙소(하얀집)로 내 방을 옮길까도 많이 생각했다.

사무를 보는 방은 당연히 여러 사람들과 만나는 장소이다. 하지만 내 개인적인 작업장에는 아무나 불쑥 들어오는 것이 그렇게도 싫다. 참으로 내게는 이상한 버릇이 있다. 내가 쓰는 방 중에 나 외에 아무도 들어가지 못하는 방 하나가 있어야 심리적으로 안정이 되는 거다. 그것이 나만의 성격인지는 잘 모르겠으나, 내 비밀스런 방까지 마구 드나들면 나는 마치 사람들 앞에서 홀딱 옷을 벗은 느낌이 든다.

아무 때고 나 홀로 들어가 쉬고 싶은 곳이 있어야 한다. 쉬고 싶을 때 쉴 수 있는 공간, 가고 싶을 때 갈 데가 있다는 것이 얼마나 좋은가? 그 방은 세 가지 환경이 갖추어졌으면 한다. 언제나 따뜻하고, 조용하며, 깨끗해야 한다. 비록 넓지 않아도 좋다. 다만 그 누구도 맘대로 드나들지 않아야 한다는 것이 중요하다. 심지어 내 식구마저도 마구 드나들면 불편하다. 아무리 친한 친구나 형제도 그냥 불쑥 들어오면 아주 싫다. 왜 나에게 이런 마음이 있는지 나도 모르겠다.

나는 이 방을 내 영혼의 지성소라고 부르고 싶다. 지성소는 아무나 늘 사용하는 거실이 아니다. 사용 빈도수로 따진다면 실용성에서 많이 떨어진다. 성전의 지성소는 1년에 한두 차례, 그것도 특정인인 대제사장만이 들어갔을 뿐이다. 그러나 그 방은 그 어느 방보다 의미가 있다. 아무나 마구 들어가면 죽기까지 하는 공간이다. 그런 뜻에서 Emotional Space라고나 할까?

그렇다고 그 방에서 나 홀로 무슨 남이 모르는 특별한 일을 하지는 않는다. 그렇다고 그 방에 남들이 봐서는 안 될 물건이 있는 것도 아니다. 그저 단순히 소파 하나만 있어도 좋고, 책상 하나 있어도 좋고, 작은 침대 하나만 있어도 좋다. 나 혼자만 드나드는 방이면 된다.

수넴 여인은 선지자에게 음식을 대접하는 것만으로는 부족하다고 생각했는지 엘리사를 위해 새로 방을 만들고 침상과 책상, 그리고 의자와 촛대를 마련한다(왕하 4:8f, 8:1f).

영적으로도 이런 방이 있어야 한다. 내가 남겨 둔 방, 아무도 들어가지 않는 방, 그래서 영적으로 안정이 될 수 있는 골방이 우리에게 있어야 한다. 주님과 만나는 골방, 나의 신랑이신 예수님과만 사귐이 있는 방이 있어야 한다.

"너는 골방에 들어가 문을 닫고서 숨어서 계시는 네 아버지께 기도하여라"(마 6:6).

2008년 11월 11일

달빛 아래의 시상식

오늘은 빼빼로데이이다. 바깥은 전형적인 가을 날씨다. 청명하고 단풍이 들어 컬러풀(colourful)하다.

어젯밤에 준비하여 오늘 12시경 올리기로 한 좋은 탑(은혜의 집) 맨 꼭대기의 틀이 생각보다 늦어져서 하루 종일 그 공사장 쪽으로 고개를 돌렸다. 해가 지고 어둠이 깔릴 즈음, 아무래도 궁금해서 현장으로 올라가 보았다. 스틸로 제작하는 거푸집이 완성되어 대형 크레인으로 이제 막 올리려는 참이었다.

무게가 얼마나 나갈까? 1톤은 넘겠지 싶어 현장소장에게 물었더니 400~500kg 정도 될 거라고 한다. 하지만 스틸작업을 한 기사의 말로는 2톤은 나갈 거라고 했다. 높이가 2m이고 원의 지름이 8m가 넘으니 가까이서 보면 결코 작지 않다. 이것을 20여 미터 높이의 꼭대기로 올리는 작업은 긴장되는 것이기도 하다.

조심조심하면서 올릴 때는 완전히 어두워진 시각이었다. 하지만 오늘따라 쾌청한 날씨에 달빛이 현장을 고르게 비춰주고 있다. 아래보다 위가 더 큰 탑과, 팔을 길게 뻗은 크레인, 그리고 꽉 차지는 않았지만 둥근 달이 한 폭의 그림처럼 어우러진다.

아무래도 위험하여 다소 떨어진 곳으로 물러나 청년관(희망의 집) 바깥 데

크 위에 서 있었다. 지면에 있던 거대한 물체가 바닥에서 뜨는 순간 가슴이 설레었다. 작업자들의 사인에 따라 서서히 공중으로 올리는 모습은 밤하늘의 쇼를 연출하는 것 같았다. 올림픽 성화가 봉송되고, 점화를 하기 바로 직전의 분위기랄까? 엄숙하리만치 장엄한 순간이었다. 계획대로 조립작업이 일찍 완성되어 환한 대낮에 이루어졌다면 이처럼 경건하지는 못했을 것이다. 오늘같이 저토록 밝은 달빛이 없었더라면 윤곽을 분간하기도 힘들었을 것이다.

그 순간 나는 두 손을 모아 깍지를 꼈다. 안전하게 잘 올려지기를 기원하는 마음도 있었지만, 이런 작업장면을 머릿속에 깊이 새겨두기 위함이었다. 두 번 다시 연출할 수 없는 에어쇼이다. 나 혼자 보고 있는 것이 매우 유감이었지만, 그래서 더욱 하나님께서 내게 보여주시는 감동을 예민하게 경험할 수 있었다. 한 마디로 이 장면은 우리가 하늘나라에서 면류관을 받는 시상식에 비할 수 있을 것이라는 생각이 들었다. 그 날에 내게 주실 면류관을 예시하시는 것일까? 아니, 오늘 이 시간 내게 저렇게 관을 씌워주시는 것인가?

"이제는 나를 위하여 의의 면류관이 마련되어 있으므로 의로운 재판장이신 주님께서 그 날에 그것을 나에게 주실 것이며, 나에게만이 아니라 주님께서 나타나시기를 사모하는 모든 사람에게 주실 것입니다"(딤후 4:3).

그렇다! 1999년 이후 10년간 은항골 역사의 클라이맥스처럼 느껴진다. 맨 꼭대기에 세워지는 가장 높은 탑의 마지막 링(Ring)이기 때문이다.

며칠 전 사무장은 이 공사모습을 담은 사진이 예수님의 얼굴과도 같다고 했는데, 과연 오늘 올리는 면류관은 왕관과도 같다.

'은혜의 집'이다. 컵 모양의 전망대는 월드컵이 아니라 홀리컵(Holy Cup)이다. 성배(聖杯)이다. 성찬 시 예수님의 피를 담은 컵이다. 이 집은 '예수의 집'(막 2:1, 3:20)이다. 〈Jesus' Tower〉이다. 예수의 탑이다.

이 탑은 은항골의 상징물이 될 것이다.

이 지저스타워를 보고 사람들은 찾아올 것이다.

역삼각형이면서 굴곡진 노출콘크리트 건축물은 사람들의 주목을 받을 것이다.

나는 분명하게 기도했다.

'예수님, 지저스타워입니다. 예수님 영광 받으시는 집이 되게 해주옵소서.'

바람 한 점 없는 조용한 은항골의 초저녁은 달빛으로 더욱 고요했지만, 내 가슴의 흥분은 좀처럼 가라앉지 않는다. 여기서도 올려다보고, 저쪽 편에 가서도 올려다보고, 사무실에 와서도 또 내다보고, 집에 오면서도 그리로 돌아서 오고, 방에 있다가 밤 11시가 넘어서도 또 나가서 바라보다가 들어왔다. 그러고는 이 밤이 지나가기 전에 글을 쓰고 있는 것이다.

'예수님, 영광 받으세요.'

'그리고 주께서 혹 제게 주실 은혜의 선물이 있다면, 제 몸을 고쳐주셔서 지난 4개월 동안 괴롭히던 통증이 오늘부터 줄어들게 해주십시오.'

2008년 11월 16일 주일

한 걸음씩 늘 인도하소서

여러분, 저는 지난 4개월 동안 최악의 시간을 보냈습니다. 긴 터널을 지나온 느낌입니다. 바울의 고백대로 날마다 죽는 경험을 했습니다 (고전 15:31).

"형제들아 내가 그리스도 예수 우리 주 안에서 가진 바 너희에게 대한 나의 자랑을 두고 단언하노니 나는 날마다 죽노라."

"형제자매 여러분, 나는 감히 단언합니다. 나는 날마다 죽습니다!"

하루하루를 버티는 것이 그렇게도 힘이 들었습니다. 하루에 다섯 시간씩 통증을 느끼며 산다는 것이 그리 쉽지 않았습니다. 물론 이 일로 인해 기도를 많이 하였습니다. 이렇게 간절하게 하나님께 자비를 구한 적도 많지 않을 것입니다. 여러분이 들으면 웃으실 일입니다.

오늘 추수감사절을 보내면서 하나님께서 고쳐주시리라는 느낌이 들고 있습니다. 맥추감사절기를 전후해서부터 지금까지 그래왔습니다. 정말 힘들었습니다. 나 스스로를 컨트롤하기가 어려웠습니다.

여러분, 오늘도 제가 감사하는 바가 이것입니다. 오늘은 다른 날보다 통증이 덜하다는 사실, 이 한 가지만으로도 그렇게 감사할 수가 없습니다. 오늘도 화장실에서 긴 시간을 보내지 않았다는 사실이 그렇게 감사할 수가 없습니다. 먹는다는 것, 먹을 수 있다는 것, 그리고 변을 잘 볼 수 있다는 것 - 평상시에는 너무나 당연한 것입니다. 하지만 그것이 얼마나 큰 은혜인지 평소에는 잊고 살아갑니다. 앉았다가 일어서는 것 하나, 똑바로 잘 걸을 수 있는 것 - 이런 것들이 얼마나 큰 은혜인지 아십니까? 숨을 몰아쉬지 않아도 된다는 것이 큰 은혜입니다.

제가 어느 때부터인지 벌레를 잡으면서 속으로 꼭 말을 합니다. 주변에 우리에게 불편함을 주는 해충들이 있잖습니까? 우리 은항골이나 동산은 오염이 안 돼서 더 많습니다. 화장실에 들어갔는데 벌레가 있으면 어떻게 합니까? 그냥 두고 같이 볼 일을 볼 수는 없잖습니까? 탁 때리거나 치면서 제가 뭐라고 하는지 아십니까?
'야, 미안하다!'
죽이는 것이 정말 미안하다는 생각이 드는 것입니다.
'어차피 너를 죽일 수밖에 없으나, 한 가지 너에게 해주고 싶은 것이 있다.'
나는 그 벌레가 죽어가면서 몸부림치는 것, 통증을 느낄 것 때문에 신경이 쓰입니다. 그래서 언제고 순간적으로 죽입니다.
'내가 너에게 베풀 수 있는 자비는 그것뿐이다.'
그 벌레는 어느 순간에 의식 없이, 고통 없이 죽는 것 아닙니까? 아무것도 모르고 그냥 죽는다는 말입니다. 그만큼 나는 통증에 예민합니다. 그래서 저는 적잖게 하나님께 애원하고 있습니다. 죽을 때 통증 없이 죽게 해달라는 것입니다.

여러분, 제가 이렇게 아플 때 옆에 있는 사람들은 많이들 그럽니다. 병원에 가라고요. 아프면 병원에 가는 것이 너무나 당연합니다. 하지만 정말 죄송스런 얘기인데, 제가 병원을 매우 싫어합니다. 주사 하나 맞는 것을 매우 싫어합니다. 누군들 좋아하겠냐마는 저는 그 도가 좀 지나칩니다. 죽어도 병원에 가고 싶지 않은 겁니다. 감기 예방주사 하나도 잘 맞지 않습니다. 제가 링거 맞기 시작한 것 얼마 안 됩니다.

이 말은 제가 오늘 거의 처음 하는 것입니다만, 제가 이제 나이가 들만큼 들었는데, 이제껏 병원에 입원해 본 적이 없습니다. 제가 속으로 얼마나 감사하고 있는지 여러분은 모르실 것입니다. 건강한 사람이었다면 그럴 수 있겠습니다. 그러나 저는 그런 사람이 못됩니다. 그리고 어쩌다 사고로 다칠 수도 있는데, 저는 하나님의 자비하심으로 그렇게 입원할 정도의 일도 없었습니다. 제가 이 문제를 가지고 수시로 하나님께 간구한 바를 하나님이 기억해 주신 것 같습니다.

　앞으로 어떻게 하나님께서 나를 인도하실지 그것은 모릅니다. 하지만 지금까지 그랬다는 것은 분명한 사실이니까 간증할 수 있습니다. 사실 이 말도 지금까지 아끼고 하지 않았습니다. 사람의 일은 한 치 앞도 모르기 때문입니다. 이렇게 말하고 또 당장 내일 입원할 수도 있으니까요. 하지만 이제는 말을 해도 되지 않을까 싶습니다. 이 나이가 되도록 지금까지 그렇게 해주신 것만으로도 충분히 감사할 수 있다는 것입니다.

　물론 지금도 기도하고 있습니다. 아프지 않게 해달라고 말입니다. 더 솔직히 바라는 것은, 죽을 때까지 입원 안 하고 수술 안 하고 죽었으면 참 좋겠습니다. 혹시 그 기도를 들어주시지 않는다 해도 저는 감사해야 마땅합니다. 지금까지 이 나이 되도록 비리비리한 사람이 입원이나 수술 안 하게 해주신 그것만으로도 족히 감사할 수 있습니다.

　　내 갈 길 멀고 밤은 깊은데 빛 되신 주
　　저 본향 집을 향해 가는 길 비추소서
　　내 가는 길 다 알지 못하나 한 걸음씩 늘 인도하소서
　　이전에 나를 인도하신 주 장래에도
　　내 앞에 험산준령 만날 때(당할 때) 도우소서
　　밤 지나고 저 밝은 아침에 기쁨으로 내 주를 만나리 (♪ 379)

2008년 12월

싫지 않은 냄새

　　　　　　M장로님 내외가 뉴질랜드를 20일 동안 다녀왔다. 본래 20일 정도가 사람의 습관이 바뀌는 기간이라고 한다. 돌아와 새벽기도회 장소로 사용하는 소예배실에 들어서면서 퀴퀴한 냄새를 모처럼 맡은 것이다. 평소에도 늘 어떻게 하면 그 냄새를 없앨 수 있을까 생각했다고 한다.

　소예배실 마룻바닥 아래에는 공간이 있다. 그 밑바닥에는 엑셀 코일이 깔려 있고, 그 코일을 자갈 속에 묻어 난방을 하였는데, 어느 해의 일이다. 겨울에 이음새 부분에서 새어 나온 뜨거운 물이 자갈을 적시면서 퀴퀴한 냄새가 났다. 처음에는 그 정황을 알지 못해 정말 쥐가 썩는 냄새인 줄 알았다. 그 원인을 찾기까지도 많이 고생했고, 마루를 뜯어내고서야 그걸 고쳤다. 금년의 일이 아니고 해가 바뀐 일이니, 지금은 그런 냄새가 없는 것으로 알았는데…. 그래서 L권사에게 물었다.

　'지금은 안 나잖아요?'

　그랬더니 하는 말

　'아뇨. 지금도 냄새가 나요. 그런데… 싫지는 않아요.'

　한동안 외국여행을 다녀와 그 방에 들어서니 그 냄새가 그렇게 포근하고 편안하게 느껴질 수가 없더라는 것이다. 싫지가 않더란다.

　그러고 나서 생각하니 어린 시절 할머니 냄새가 떠오른다. 초등학교 시절 부흥회를 다니고 한 것은 할머니를 따라다닌 때문이었다. 적어도 그 당시는 어머니보다 할머니가 더 좋았고, 그래서 할머니와 늘 함께 잤다. 그런데 그 할머니와의 이별은 초등학교 졸업과 동시에 이루어졌다. 초등학교 졸업식이 있던 날 장례식을 치렀던 것이다. 나는 내 졸업식장 대신 할머니의 인생 졸업식장에 참석하였다. 할머니의 마지막 병환 중에는 내가 할머니의 소변을 받아냈다. 글자 그대로 끈끈한 인연이었다.

언젠가 한번은 어머니가 그러신다. 할머니에게서 냄새가 나지 않느냐고. 나는 노인에게서 나는 그 퀴퀴한 냄새가 이상하게도 싫지 않았다. 오히려 그 냄새를 즐겼다고나 할까?

농촌에 가면 각종 거름과 가축들에게서 나는 냄새가 코를 찌른다. 요즘은 많이 달라졌지만, 예전에는 그 모든 냄새를 그대로 맡아야 했다. 농촌에서 살지 않았기에 가끔 가보면 정말 그 냄새 때문에 거기서 못 살 것 같았다. 하지만 농부에게는 그런 냄새들이 싫지만은 않을 것이다. 나처럼 역겨워한다면 어찌 농사를 지을 수 있겠는가? '사망에 이르는 냄새'가 있고, '생명에 이르는 냄새'가 있다고 했는데, 농촌에서 나는 냄새는 후자에 속하겠지? 물론 대기오염으로 인한 역겨움도 있지만, 도시는 과연 각종 향수 냄새로 가득하다. 그런데 그 향내도 생명에 이를까?

세상에서 나는 냄새는 우리를 유혹하기에 충분하다. 그래서 사람들은 그 냄새 맡기를 좋아한다. 그런데 그 냄새가 사망에 이르느냐, 아니면 생명에 이르느냐를 묻고 싶다.

"항상 우리를 그리스도 안에서 이기게 하시고, 우리로 말미암아 각처에서 그리스도를 아는 냄새를 나타내시는 하나님께 감사하노라. 우리는 구원 얻는 자들에게나 망하는 자들에게나 하나님 앞에서 그리스도의 향기니, 이 사람에게는 사망으로 좇아 사망에 이르는 냄새요, 저 사람에게는 생명으로 좇아 생명에 이르는 냄새라. 누가 이것을 감당하리요"(고후 2:14~16).

2 0 0 8 년 1 2 월 2 5 일 성탄절

The Man

　　　　　　　사람은 누구나 자기만의 보물이 있지 않겠는가 싶습니다. 저에게도 나름대로 소중한 물건들이 있습니다. 그 중 두 가지는 퍽 오래된 물건입니다. 하나는 제가 여섯 살 때 가정예배에서 대표기도를 했다(1960년 3월 6일 주일)는 기록이 남은 가정예배 일지입니다. 당시 우리 가정은 가정예배를 드리는 것은 물론 그날그날 예배순서를 기록해 놓는 공책이 있었습니다.

　또 다른 하나는 1959년에 제작된 「예수의 일생」이라는 만화책입니다. 이 책은 한국군목문서전도위원회가 발행한 것입니다. 저보다 열일곱 살이 많은 큰형님이 군대에 가서 가져온 것인데, 그걸 어릴 때부터 손때가 덕지덕지 묻고 책이 너덜너덜 닳도록 가까이했습니다. 예수님의 일생을 204커트의 그림에 담은 이 책은 어린이들을 위한 것이 아니라 군 장병들을 위한 것이었기에 그림도 전혀 유치하지 않고, 또 인물이나 배경 등이 고고학적으로도 사실에 가깝도록 만들었습니다.

　이 책에 꽂혀 있는 책갈피에는 저의 초등학교 저학년 때의 글씨가 남아 있습니다. 교회에서 부른 어린이찬송가 가사를 적은 것입니다.

　군 본부가 있는 계룡대교회에 한국군종역사박물관이 있는데, 그곳에도 없는 희귀본입니다. 군목을 지낸 이들조차 이 책을 본 적이 없을 정도입니다. 제가 갖고 있는 이 한 권만이 유일하게 보존되어 왔다고 봅니다. 언젠가는 이 책을 박물관에 기증해야 하지 않을까 싶은데, 아직은 좀 더 갖고 있어야 할 것 같아서 보관하고 있습니다.

54페이지에 이르는 이 그림들은 한국 사람이 그린 것으로 보입니다(강씨). 하지만 50년대 우리나라의 인쇄술을 생각하면 대단한 작품입니다.

제가 군목으로 가게 되면 장병 중에 재능이 있는 사람을 뽑아서 새롭게 만들어 볼 계획을 단단히 했었습니다. 하지만 제가 기술병이 주를 이루는 공군으로 가는 바람에 여건이 마련되지 않았습니다. 그리고 전역을 한 후 좋은교회를 개척한 지 얼마 지나지 않은 1987년 3월, 이 책을 전도책자로 5천 부를 만들어 활용했습니다. 원본을 그대로 수정 복사하여 출판한 것입니다. 그리고 4년 후인 1991년 3월, 미대에 입학을 준비 중이던 조카(한승주)에게 알바를 주어 확대 재편집하여 2판을 냈습니다.

그러나 여전히 디테일하지 못하고, 컬러가 없는 흑백그림이어서 시대에 뒤떨어지는 느낌을 지울 수 없었습니다. 어디에 내놓을 만한 작품을 만들고 싶었습니다. 그래서 그 동안 몇몇 주변 화가들에게 부탁해 보았으나 성사가 되지 않았습니다. 때로는 그쪽에서 일을 수락하지 않았고, 때로는 그쪽에서 제안한 그림이 제 마음에 들지 않았습니다.

그런데 작년 봄 어느 날이었습니다. 두란노서원에서 나오는 월간지 「빛과 소금」의 일러스트가 마음에 들었습니다. 그래서 출판사에 연락을 하여 삽화가(풍물그림 작가)를 만났습니다. 다행히 그는 제가 제안한 비용에 그 그림을 그려주기로 했습니다. 하지만 그것도 시안을 만들기 바쁘게 개인적인 사정이 생겨서 일을 못하겠다고 통보가 왔습니다. 그러고는 아무리 연락을 해도 전화조차 받지 않았습니다. 모든 것이 물 건너갔습니다.

모든 것을 포기하고 그 해를 넘겼는데 다시 연락이 왔습니다. 다시 해볼 의향이 있다는 것이었습니다. 다시 용기를 냈습니다. 그리고 일을 시작하기로 하고 계약금까지 치렀습니다. 얼마 후에는 중도금까지 건넸습니다. 그런데 일이 끝나지 않는 겁니다. 약속한 일정이 훨씬 지나고 있었습니다. 이러다가는 완성을 이룰 수 없을 것이라는 생각마저 들었습니다.

그러다가 어느 책자를 통해 또 다른 삽화가를 알아보았습니다. 그야말로 실패를 각오했습니다. 하다가 중지하면 수포로 돌아간다는 것도 잘 알고 있었습니다. 하지만 뭔가를 시도하지 않으면 그 어떤 성공도 이룰 수 없다는 것을 압니다. 어떻게 해서든지 이루어내고 싶었습니다. 기도도 많이 했습니다. 정말 하고 싶었습니다.

두 번째 만난 화가는 지난번 사람보다 네 배의 그림 값을 요구했습니다. 저는 사실 이 일에 미쳐 있었습니다. 꼭 하고 싶었습니다. 몇 번의 실패를 거듭하면서도 해내고 싶었습니다. 오랜 꿈을 이루고 싶었습니다. 400만 원의 계약금을 덜컥 건네주면서 한 가지 조건을 내세웠습니다. 다른 일은 다 중단하고 이 일에만 전념하여 단시일 내에 끝내줄 것을 요구했습니다. 그 사람도 동의했습니다. 그리하여 지금도 그가 그림을 그려가고 있습니다.

그러는 와중에도 앞서 그리던 사람에게 독촉을 했습니다. 안 될지도 모른다고 생각했지만 그래도 이미 약속된 일이니 다그쳐보았습니다. 그렇게 스트레스를 주고받으면서 우여곡절 끝에 이렇게 2판 이후 18년 만에 책이 나오리라고는 미처 예상치 못했습니다. 금번 성탄절에 주시는 하나님의 선물이라고 저는 믿고 있습니다.

우리나라는 1987년에 발효된 국제적인 저작권보호 협약인 베른협약에 따라 저작권보호 기간을 50년으로 정하고 있습니다. 아마 이 50년을 채우게 하느라고 일을 지체시키신 모양입니다. 오늘 나온 책은 감리회본부 출판국(도서출판 kmc)의 이름으로 내게 되었고, 발행일은 2009년 1월 1일로 잡았습니다. 1959년에서 2009년은 꼭 50년이 되기 때문입니다.

「믿음의 길」이 미국에까지 여러 차례 수출되었듯이, 이 책은 국내와 미국뿐만 아니라 세계 여러 나라의 언어로 번역하여 선교의 도구가 될 것입니다. 호텔에 가면 기드온협회에서 기증한 성경이 탁자에 놓여 있습니다. 요즘엔 또 아주 똑같은 모양과 똑같은 사이즈로 불경이 함께 있습니다. 성경은 분명 하나님의 말씀이지만 사람들에게 외면당하기 십상입니다. 너무 어렵고 대하기 부담스럽기 때문입니다. 반면 이 그림책은 다소 대하기 편안할 것입니다. 그래서 그러한 호텔뿐 아니라 학원 병원 교도소 군대 등 여러 곳에 배포할 생각입니다.

예수님의 전도 명령에도 불구하고 주후 30년 이후 태어난 모든 인류 중 66%는 예수의 이름을 한 번도 들어보지 못했다는 것 아닙니까? 예수의 일생과 교훈은 글자 그대로 simple gospel입니다. 순수 복음입니다. 단순 복음입니다. 예수를 알아야 예수를 믿게 될 것이 아닙니까? 중요한 것은 '예수' 입니다.

게다가 요즘 우리 한국교회에 예수가 없다는 소리가 들리지 않습니까?(한완상, 「예수 없는 예수 교회」)

이제 이 책을 내년도 우리 교회 속회공과로 사용할 것입니다. 교안(교재)을 만들고 있습니다. 아동부나 중고등부, 청년부까지도 활용하기를 기대하고 있습니다. 글은 복음서의 것을 그대로 요약했습니다. 네 복음서에서 따다가 그대로 담은 것이기에 '요약성경' 이라고 해도 될 듯싶습니다. 여기에 수록된 성구들을 모두 암송하도록 하고 싶습니다. 그렇게 되면 복음서에 기록된 예수의 말씀이 그림과 함께 머리에 박히게 될 것입니다. 예수의 정신이 박히고, 예수의 혼이 담기게 될 것입니다. 예수의 영이 역사하게 될 것입니다.

영어로도 번역해 놓았습니다. 곧이어 영어판이 나올 터인데, 중고등부는 영어로 성경구절을 암송하게 하고 싶습니다. 수백 개의 문장을 암기하게 되면 일석이조의 효과가 나타날 것입니다.

저는 이 책을 통해 예수를 전하고 싶었습니다. 예수가 드러나기를 원합니다. 예수가 이 땅에 가득 차기를 소망합니다. 지금 건축 중인 '은혜의 집' 은

'좋은 탑' 이라고도 불리지만, 사실은 제 마음 속에 '지저스타워'(Jesus' Tower)라고 명명하였습니다. '예수의 집' 이라는 뜻입니다. 예수에 관한 여러 가지를 세팅할 생각입니다. 우리의 주인공은 예수이십니다. 그분이 높아지시기를 원하고, 그분이 드러나시기를 기도합니다. 지금도 살아 계신 그분이 우리 가운데서 역사하시기를 간절히 바랍니다.

이분이 누구입니까? 그리스도입니다. a Man이 아닙니다. The Man입니다. 유일하신 분입니다. 바로 그분입니다. 많은 사람 중에 한 사람이 아닙니다. 독생자이십니다. 그분이 아니고서는 구원받을 또 다른 이름이 없습니다. 우리의 유일한 구세주이십니다. 죽은 예수가 아닙니다. 어제나 오늘이나 영원토록 동일하게 역사하시는 예수님입니다. 예수 그리스도께서는 어제나 오늘이나 영원히 한결같은 분입니다(히 13:8).

"이 예수밖에는 다른 아무에게도 구원은 없습니다.
사람들에게 주신 이름 가운데
우리가 의지하여 구원을 얻어야 할 이름은,
하늘 아래에 이 이름밖에 다른 이름이 없습니다"(행 4:12).

2008년 12월 29일

나의 사랑, 나의 기쁨, 한영제 목사님께

서승동 (장로교회 목사 / 고교 동기생)

하나님 아버지와 주 예수 그리스도의 은혜가 넘치시기를 기도하면서 뒤늦게 글을 올려 인사드립니다. 그 동안도 잘 지내셨죠? 사모님도 자녀들도 잘 있고, 섬기시는 교회는 든든히 서 가고 있겠지요? 있는 그 자리에서 언제나 충성하시는 영의 아버지이신 목사님을 생각할 때 긍지가 생기고 마음과 영의 위로가 됩니다. 한분 영의 아버지께 성탄과 새해를 맞이하여 글을 올립니다. 아무에게도 인사드리지 못했고, 마음에 끌리지 아니하여 올리지 않았습니다. 그러나 내가 눈 감는 순간까지 잊지 못할 한 목사님, 나의 영의 아버지께 인사드리며 자존심을 세우려 합니다.

한 목사님이 계시기에 늘 행복하고, 힘들 때 산에 올라(아침운동 하는 산) 한 목사님을 생각합니다. 그러면 언제 그랬냐는 듯 마음에 평안이 오고, 목사님 곁에 내가 서 있으며 '잘 있었어?' 하는 나지막한 목사님의 음성이 들려옵니다. 그러면서 내 눈에서는 눈물이 흘러납니다. 이 눈물이 없다면 나는 영벌을 받을 것인데, 이 눈물이 있기에 영벌에서 영생으로 가고 있지요. 나에게 영생의 눈물을 주신 목사님께 늘 감사드리며 매일 기도하고 있습니다.

건강하세요. 그리고 내 기도를 응답해주셔서 장수하시고, 주 앞에 서야 합니다. 통화를 하고 싶은데 바쁘신 분이라 통화가 안 되네요. 건강하세요.

12월 29일
당신의 아들 서승동 드림

2009년 1월 6일

생기를 불어넣어 주는 교우

문홍상 장로, 이미숙 권사

지난 해 10월 27일 월요일, 단풍의 계절에 모처럼 후배들과 함께 제천 청풍에 갔다가 들러볼 만한 곳이 있다면서 안내를 한 곳이 ES 리조트였다. 내가 가면 좋아할 것이라면서 간 곳인데, 정말 내 맘에 꼭 들었다. 조용하고 자연친화적인 시설은 과연 내 스타일이라고 할 만하다. 회원이 되려면 얼마나 드느냐고 물었더니 가입하지도 않을 것을 뭐 하러 묻느냐고 한다. 아니, 묻지도 못하느냐고 했다. 묻는 데 돈이 드는 것도 아니고, 이만한 것은 얼마나 드나 알고 싶기도 하고, 또 꿈을 꿀 수도 있는 게 아닌가? 비록 우리가 사지는 못해도, 이런 정도는 얼마나 하며, 사람들은 이런 걸 얼마나 들여 사는지 아는 것도 필요하다고 말했다. 교인들이 살아가는 것을 목회자가 어느 정도는 알 필요가 있지 않겠느냐 말이다.

이 일이 있은 지 얼마 후 성경을 읽다가 눈에 번뜻 들어오는 말씀이 있었다. 전쟁 중에 나가 있는 형들에게 필요한 것들을 전하고 그들의 소식을 알고자 아버지의 심부름으로 현장에 갔던 다윗, 적장 골리앗의 허튼소리에 깊은 관심을 갖는다. 이때 큰형 엘리압이 듣고는 다윗에게 화를 내며 꾸짖었다.

"너는 어쩌자고 여기까지 내려왔느냐? 들판에 있는 몇 마리도 안 되는 양은 누구에게 떠맡겨 놓았느냐? 이 건방지고 고집 센 녀석아, 네가 전쟁 구경을 하려고 내려온 것을 누가 모를 줄 아느냐?"(삼상 17:28)

이때 다윗의 응답이 흥미롭다.

"내가 무엇을 잘못하였다는 겁니까? 물어 보지도 못합니까?"(29절)

물어 보지도 못하느냐는 말이다. 물어 본다고 큰 힘이 드는 것도 아니잖은가? 물어 보는 정도의 관심도 없는가? 물어 보는 정도의 믿음도 없는가? 그렇다. 적지 않은 사람들이 물어 보지도 않는다. 못 오를 나무는 쳐다도 보지 않는다는 생각이다. 그러나 오르고 또 오르면 못 오를 리 없건마는 사람이 제 아니 오르고 산(山)만 높다고 하는 것이다. 물어라도 보는 사람은 꿈을 갖는다. 기도제목으로 삼는다. 목표가 있다. 그러나 물어 보지도 않는 사람에게는 그 어느 것도 주어지지 않는다. 완전히 남의 일이다. 질문이 없는 사람은 해답도 알 수 없게 된다.

'물어 보지도 못하느냐?'

말도 안 되는 것 같았던 그 일을 물어 보았으나, 불과 20일 후 허황한 꿈이 현실이 되었다. 마음의 간절한 소망이 실현되었다(빌 2:13). 정말 하나님의 은혜로 이루어진 일이다.

그 날 나는 가슴에 바람이 들었다. 호텔이나 리조트 등 여러 숙박시설을 이용해 보았지만 이만큼 나를 매료시킨 곳은 없다. 욕심이 생기는데 진정이 안 된다. 게다가 그 시설의 직원이 보내준 안내책자나 우리 사무실로 여러 차례 전화를 준 일도 나를 진정하지 못하게 했다. 이 궁리 저 궁리 연구해 봤지만 딱히 방법이 없었다.

보름쯤 지났을 때 사석에서 M장로님에게 그런 말을 꺼냈더니 며칠 후 3천만 원을 가지고 왔다. 그 말을 전해 들은 부인 L권사가 정기적금을 해약해서 보내온 것이란다. 그 날은 '좋은 탑'의 골조 마지막 공정인 철판 거푸집이 올라가던 날이다(11월 11일).

받아들고 여러 날 고민했다. 남의 돈을 빌려서까지 이렇게 해야 하나 싶었다. 그러나 용기를 냈다. 정말 쉬는 것도 일이라는 것과, 막상 어디를 가려고 해도 딱히 마땅한 데가 없어 망설이던 일을 생각해서였다. 사흘 후 담당 직원을 오라고 해서 계약을 했다. 부족한 금액은 내 몫으로 모아둔 퇴직금으로 했다. 어느 세월에 갚을 수 있을지는 몰라도 일단 일을 저지른 것이다. 아쉬운 것은 장로님 가족과 우리 가족을 합하여 클럽회원으로 받아주기를 요청해 보았으나 성사되지 않은 일이다.

그로부터 불과 2개월이 채 되지 않아 나는 그 채무를 상환할 수 있었다. 1년에 1천만 원을 모으는 것도 여간 힘든 일이 아닐 터인데, 이렇게 쉽게 갚을 수 있을 거라고는 전혀 예상치 못했다. 「믿음의 길」을 내고 많은 빚을 져서 수년 동안 그걸 밀어 넣었는데, 이제는 쌓였던 책들이 시중에 판매되면서 돈이 회수된 것이다. 물론 재판을 찍기 위해서 모아두어야 하지만, 당장 필요한 것은 아니니 남의 돈을 갚는 것이 우선이라 생각했다.

돈을 갚으면서 고맙다고 했더니, 이자를 하나님 나라에 쌓으려고 했는데 그렇게 빨리 갚느냐고 한다. 오래 빌려주었든 잠시 빌려주었든, 그들의 사랑의 마음은 하등의 차이가 없다고 믿는다. 그러고 보니 이런 일도 있었다.

장로님과 권사님의 식구 6명이 열흘 동안 뉴질랜드에 다녀온 적이 있다. 벌써 꼭 5년이 된 일이다(2004. 1.). 그들은 모두 유서를 쓰고 떠났다. 만에 하나 비행기가 떨어져 한꺼번에 가족들이 죽는 날이면 모든 재산을 하나님의 교회에 바치겠노라고 했단다. 권사님은 20%는 친정 어머니께, 그리고 80%는 담임목사에게 드리고 싶다는 말을 썼다나? 어쨌든 무사히 여행을 마치고 돌아왔으므로 그 일로 인해서는 단 한 푼도 헌금한 것이 없지만, 그 마음만은 분명 하나님이 받으셨으리라 믿는다. 바울의 표현을 사용해도 될까? '목이라도 내어놓은 사람'(롬 16:3~4)이 떠오른다.

모처럼 3개월의 안식년에 우리 부부는 그들 두 내외와 함께 따로 25일 동안 호주와 뉴질랜드를 함께 다녀왔다. 지금도 종종 외식을 하고 싶다는 생각이 들면 장로님에게 전화를 한다. 가장 편하게 느껴지기 때문이다.

이런 부모에게서 영향을 받아서인지, 결혼한 아들은 계속해서 나를 위해 영양제(비타민)를 대주고 있다. 사위는 안식년 때 편지와 함께 뉴질랜드 돈으로 용돈을 가져왔다.

유학 중이던 우리 집 큰아이가 왔다 갈 때마다 여비를 챙겨주었고, 기회만 되면 내게 두툼한 봉투의 용돈을 주었다. 외부에 집회를 나갈 때면 언제나 자신의 차로 원근을 마다하지 않고 픽업해주었다. 내 승용차를 바꿀 때면 여지없이 후원에 동참했다. 얼마 전 구입한 차의 경우도 1천만 원씩 네 사람이 감당했는데, 그 중 한 가정임은 물론이다. L권사는 사무원과 사무장으로 10년 동안 교회에서 사역하다가 정년퇴직하였다. 아마도 그가 교회에서 받은 봉급은 모두 교회와 나를 위해 썼을 것이다.

회갑을 넘긴 나이에도 여전히 아동부(유치부) 교사로 일하고, 주일예배 후 오후가 되면 Y장로님과 함께 화장실 청소와 쌓인 쓰레기 치우는 일을 전담하고 있는 그는 여전히 청년 혹은 청장년처럼 느껴진다.

자료를 찾기 위해 노트북을 뒤지다 보니, 장로님의 이름은 29회, 권사님의 이름은 20회 내 자료에 들어 있었다. 바울은 아굴라와 브리스가를 말하면서 '그 집에 모이는 교회'(고전 16:19)라는 말을 사용하는데, 과연 그의 집은 교회 뜰안에 있다. 바울은 이런 말도 쓰지 않았던가?

"이 사람들은 나의 마음과 여러분의 마음에 생기를 불어넣어 주었습니다. 여러분은 이런 사람들을 알아주어야 합니다"(고전 16:18).

하나님께서도 저들에게 은혜를 베푸시는 것을 본다. 뉴질랜드로 이민 갈 때 아무것도 없는 빈손이었으나, 지금은 그 나이에 누구보다 경제적으로 안정된 상태이다. 대학입학과 취직 등 자녀의 진로 문제가 막막할 때 매우 극적으로 열어주셨다. 해외여행 중 공항에서 공항으로 이동하면서 시리즈로 들었던 그의 간증을 여기에 싣지 못하는 것이 매우 유감이다.

2009년 2월

화수분

여러분, '화수분'이라는 단어를 아십니까? 순우리말이 아닌가 싶어요. 사전을 찾아도 한자가 없거든요. 어느 동사무소가 '화수분'이라는 이름으로 쌀을 갖다 놓고 필요한 사람이 가져가게 하는 일을 한다는 뉴스를 통해 알게 된 단어입니다. 사전에서 '화수분'을 찾아보니 이렇게 설명되어 있었습니다.

'(안에다 온갖 물건을 넣어두면 새끼를 쳐서 끝도 없이 나오는 보물 단지라는 뜻으로) 재물이 자꾸 생겨서 아무리 써도 줄지 않음을 이르는 말.'

엘리야와 사렙다(사르밧) 과부 생각이 납니다. 푸고 또 퍼도 줄지 않던 사렙다 과부의 밀가루통과 기름통이 그것입니다(왕상 17:15~16). 그래서 우리 교회도 시작해 보려고 합니다.

한번은 미국에서 공부하는 친구 목사의 교회를 가봤습니다. 뉴욕에서 두 시간 정도 떨어진 곳에서 친구의 부인이 미국 교회를 담임하고 있었습니다. 나이 드신 백인들이 대다수인 시골의 작은 교회였습니다. 예배당도 예쁘고 목사관의 주변 환경도 아름다웠습니다.

교회를 가보니 주 출입구가 아닌 옆으로 들어가는 문에 작은 공간이 있었는데, 거기에는 다양한 식료품이 가지런히 놓여 있었습니다. 누구든지 말없이 가져다 놓고, 또 누구든지 필요한 이들은 말없이 가져가는 것이었습니다. 굳이 기록하고 광고하고 그럴 필요가 없었습니다. 나누는 일이 그들에게는 자연스러웠습니다. 그래서 언젠가는 우리도 해보리라 생각했지만, 우리나라에서는 갖다 놓는 사람보다 가져가는 사람이 많아서 그 창고가 비게 되지나 않을까? 혹은 꼭 필요해서가 아니라 아예 한꺼번에 가져다가 팔아 현금으로 만들어 술이나 사먹지 않을까? 자취하는 학생들이 호기심으로, 또는 게으른 놈팡이들이 마구 집어가지나 않을까 등 걱정이 앞서더라고요.

그래도 한번 해보기나 하고 걱정하자 싶어서 작게나마 두 주 전부터 운영해 보았습니다. 물론 정착하려면 시간이 필요하겠으나, 그 규모가 커지게 되면 〈나눔의 방〉이 〈나눔의 집〉으로 발전할 것입니다.

1층 엘리베이터실 입구의 작은 홀을 〈나눔의 방〉으로 활용합니다. 그리스도의 사랑을 물질로 나누는 일을 하려고 합니다. 어려움에 처한 이들은 언제든지 이 방에서 식료품을 가져가실 수 있으며, 또 어려운 이웃을 돕고자 하는 이는 언제든지 이 방에 갖다놓는 일을 할 것입니다. 은밀히 보시는 하나님이 갚아주실 것입니다(마 6:3~4).

"너는 자선을 베풀 때에는 오른손이 하는 일을 왼손이 모르게 하여, 네 자선 행위를 숨겨두어라. 그리하면 남모르게 숨어서 보시는 네 아버지께서 너에게 갚아주실 것이다."

'주는 훈련', '나누어주는 훈련', '나눔의 훈련'을 하고 싶습니다.
'가짐의 가치'에서 '됨의 가치'로 바뀌어가고 싶습니다
삭개오가 예수님 만난 후 스스로 나누기로 결심하잖아요(눅 19:1~10). 그가 예수를 영접하여 하나님의 자녀가 되잖아요. 아브라함의 자손임을 알게 되잖아요. '됨의 가치'를 발견한 셈이지요. 결국 '됨의 가치'는 '나눔의 가치', '섬김의 가치'를 뜻하는 것 같습니다.

(가을부터는) 식료품이나 생활용품만이 아니라 책도 나누고 있습니다. 누구든지 그 자리에 책을 갖다놓으면 되고, 책을 갖고자 하는 분은 어떤 책이든 (관리상) 권당 1천 원씩 내도록 하였습니다.

2009년 4월 12일 부활주일

부활절 메시지

시편 84:1~12

　　　　　우리는 지난 20일 동안 행복했습니다. 특별새벽기도회 때문입니다. 새벽마다 하나님의 거룩한 성전에서 하나님과 만날 수 있었다는 사실이 얼마나 행복한 일입니까? 청와대를 20일 동안 드나들면서 대통령과 단독 대좌를 했다고 해도 자랑하느라 바쁠 터인데, 우리 주님과 깊은 교제를 나눌 수 있었다는 것만으로도 충분히 만족할 일입니다. 새벽예배를 마치고 예배당 문을 나서면 동이 터 오릅니다. 아침햇살에 비친 예배당의 모습이나, 지저귀는 새 소리 그리고 풀내음(냄새)이 얼마나 신선하였습니까? 탁한 공기를 마셔야 하는 대도시 사람들에게는 허락되지 않은 또 다른 선물입니다.

　봄에는 몸이 나른하다는 말도 있듯이, 여러분도 가정과 직장에서 바빴을 터인데도 새벽마다 열심히 참석한 것을 축하드립니다. 비록 어떤 때는 와서 기도는 고사하고 그냥 퍼져서 자다가 간 경우도 있었겠지만, 그것도 행복한 일입니다. 어떤 두 내외분(김성국 집사)은 나란히 앉아서 푹 잠들어 있었어요. 고개가 서로 다른 방향으로 기울어져 있었습니다만, 얼마나 다정해 보였는지 모릅니다. 사진을 한 장 찍어두고 싶은 심정이었습니다. 그 모습을 보는 순간 속으로 웃음이 나오면서도 그렇게 감동적일 수가 없었습니다. 그분은 얼마 전에 큰 수술을 받고 수십 차례의 항암치료를 받았습니다. 지금 이 순간에 저렇게 예배당에서 편히 쉬고 있다는 것이 얼마나 감사합니까? 목사가 보아도 마음이 찡한데, 우리 주님이 내려다보실 때 어떠하시겠습니까?

저 또한 20일을 어떻게 감당할까 심히 걱정했는데, 오늘 아침까지 해낼 수 있었다는 것이 감사할 따름입니다. 하나님의 은혜와 여러분의 기도해주심 덕분에 해낼 수 있었음을 의심하지 않습니다.

새벽마다 몰려오는 차량과 인파는 그 어느 것에 비할 수 없는 멋진 풍경입니다. 온 성도가 손을 들고 하나님을 찬양하는 모습은 세상 그 어느 장면과 비교가 되지 않습니다. 통성기도 시간이 되면 강단 앞에서 무릎 꿇고 기도하고자 앞으로 달려 나오는 분들의 모습은, 하나님의 축복을 간절히 바라는 야곱과 같은 심정이랄 수 있었습니다.

들자 하니 배치된 차량이 몇 차례 빼먹은 경우도 있었다고 합니다. 지입버스가 펑크를 내기도 했고, 카풀을 해오던 운전자 교우 분이 늦잠을 자버리는 바람에 동승자들도 못 오게 된 경우도 있다는데, 그때마다 서둘러 택시를 타고 달려와 개근을 해보겠다고 기를 쓴 성도들의 그 마음을 우리 하나님이 헤아려주시리라 믿습니다.

요즘 서울을 비롯해 수도권의 대형교회들이 특별새벽기도회에 많이 참석한다고 자랑합니다만, 그들은 대부분 '특새'라고 해야 4~5일에 불과합니다. 그리고 이른 새벽에도 하지만, 2부 3부 4부를 하면서 아침 8시에도 새벽기도를 합니다. 늦잠을 자고도 나올 수 있는 것이지요. 우리 교회도 예전에는 40일을 했는데 그 절반으로 줄였잖습니까? 그래도 다른 교회에 비하면 퍽 긴 편입니다. 매일 500~600명의 교우들이 하나님께 기도하였습니다. 오늘 아침에는 800여 명의 성도들이 촛불예배에 참석하였습니다.

이런 촛불예배는 30~40년 전에나 있었습니다. 촛불이 사라진 지 오래입니다. 가장 원시적인 스타일의 예배가 가장 초대교회적인 느낌을 줍니다. 제 어린 시절에는 부활절 새벽예배에 갈 때는 하얀 옷을 입었습니다. 앵산공원이라는 산언덕에서 드리던 예배가 추억에 남아 있습니다. 우리 은항골의 촛불예배는 정말 누가 흉내 내기 힘든 특별한 예배입니다. 여러분, 정말 행복한 줄이나 아십시오.

　촛불을 들고 예배를 드리는 아직 철없는 아이들의 모습에서 우리는 아기 천사의 모습을 상상할 수 있습니다. 저들의 심령 속에서 이미 예수의 영이 살아 움직이고 있는 것입니다. 저들의 뇌리 속에 박히고 있는 잔영을 세속의 물결이나 마귀의 권세가 지우지 못하는 것입니다. 이것만큼 소중한 교육이 어디 있습니까? 오늘 아침에도 촛불예배가 끝나고 한 초등학교 아이가 곁에 다가와서 그래요. 2학년 아이인데요, '목사님, 저 개근했어요' 그래요. 그래서 잘했다고 칭찬해주었죠.

　이건 요 며칠 전에 들은 이야기인데, 서 목사님 댁에서 있었던 일이래요. 아들만 셋이잖아요? 근데 초등학교 3학년짜리 둘째아들을 무슨 일로 야단을 칠 수밖에 없었나 봐요. 그래서 매를 댔다고 합니다. 그런데 또 부모의 심정이 그렇잖습니까? 호되게 야단을 치고 나면 또 걱정이 생겨요. 아이가 혹시 그 일로 상처가 되지 않았을까 싶은 겁니다. 그래서 아이가 잠든 후에 일기장을 봤대요. 그 아이가 이 자리에 있어서 다소 부담이 됩니다만, 뭐라고 쓴지 아십니까?

　'제목 : 새벽기도' - 이렇게 썼더래요.

　지난 4월 1일, 그 날이 만우절이었는데, 제가 거짓말이 아닌 일을 했습니다. 수일 전부터 준비해 두었죠. 그 날이 아동부 교사와 어린이들이 새벽기도 때 특별찬양하는 날이었잖아요. 그래서 사전에 알리지 않고 그 날 특송을 하러 나온 아이들에게 선물을 주려고 준비시킨 겁니다. 마트에 가서 여러 종류의 과자를 사오게 하여 그 중에 어떤 걸로 할지를 심사숙고(?)한 다음 엄선해서, 그걸 예배실에 딱 준비시켜 놓은 것입니다.

　제가 이 이야기를 그 날 오후에 전해 들었습니다만, 이런 일이 있기 전에 있었던 일입니다. 일기 제목이 '새벽기도' 입니다. 무슨 내용을 썼을까요? 그 일기장을 제가 보지 못해서 잘 표현하게 되는지 모르겠는데, 하여간에 들은 얘기로는 이렇습니다.

'요즘 나는 새벽마다 특별새벽기도회에 나간다. 내가 새벽기도를 가는 이유는, 엄마가 새벽기도 개근하면 3천 원 준다고 했는데, 그 3천 원 때문이 아니다. 그리고 내가 새벽기도 하는 이유는 부목사의 아들이기 때문도 아니다. 새벽기도회에 참석하는 이유는 목사님 설교 말씀이 너무 재미있어서 나가는 것이다.'

여러분, 제가 그 얘기 듣고 기분이 좋아요, 나빠요?

제가 사실 이번 '특새' 동안에 걱정을 많이 했거든요. 어느 성경 본문을 가지고 말씀을 전할까 많이 고심하다가 로마서를 택했는데, 하다 보니 처음 예상한 대로 로마서는 역시 좀 딱딱해요. 교리적이에요. 특별히 앞부분이 더 그러한데, 이번에 로마서 16장 중에 8장을 겨우 넘어서 9장을 하다가 끝났잖아요. 그러니까 아주 딱딱한 부분만 묵상한 셈이죠. 어른은 어른대로, 아이는 아이대로 잘 이해가 되고 은혜가 되고 감동이 될까 걱정을 했거든요. 그래서 나름대로는 쉽게 그리고 편하게 해보려고 애는 써봤지만, 그래도 본래 본문의 분위기 때문에 그게 그리 쉽지 않았어요. 그런데 글쎄 초딩 3년짜리가 재미있었다고 하니 제가 위로가 되지 않았겠습니까?

그런데 아이의 엄마인 서 목사 사모님도 그 일기를 보고 마음이 놓이더래요. 적어도 매를 든 것으로 인해 상처가 되지 않은 것 같다 그 말입니다. 그리고 아이가 대견스럽다는 생각이 들더래요. 정말 대견스럽죠.

제가 그 얘기를 듣고 다시 정리해 보았습니다. 어떤 어른 성도가 QT노트에다가 이렇게 써놓는다고 가정해 보는 겁니다. 제목은 역시 '특별새벽기도'입니다.

'요즘 나는 매일 특별새벽기도회에 나가고 있다. 새벽기도회를 마치면 교회에서 개근자에게 작은 선물을 주곤 하는데, 그와 같이 상을 받으려는 것 때문이 아니다. 개근을 해야 임원을 뽑을 때 하자가 없다고 하는데, 그렇게 임원 승진을 위한 것도 아니다. 다만 기도하는 것이 너무 좋아서이다.'

새벽에 주님과 교제를 한다는 것이 너무 좋아서 행복해하는 성도들이 다 되기를 소망합니다. 어떤 조건 때문이 아니라, 그 자체에 행복해하는 사람. 그렇습니다. 기도의 그 어떤 응답보다 기도 자체가 너무 좋고, 말씀 자체가 너무 좋으며, 하나님의 집에 사는 것이 정말 복인 줄 아는 사람.

주일예배가 끝난 오후 여기저기서 뛰어노는 아이들의 모습을 보고 있노라면, 아니, 어른들도 함께 놀고 있습니다만, 그런 모습을 물끄러미 바라보면, 그동안 거친 환경의 은항골을 아름답게 꾸미느라 흘렸던 땀과 눈물이 다 씻기는 것 같은 느낌이라는 것을 아십니까? 바로 이런 모습을 보고 싶어서 그렇게 힘들게, 뼈 빠지게 고생했던 것이거든요. 저는 그래서 정말 행복합니다. 요즘도 좋은 탑과 도서관의 공사를 마무리하느라 분주합니다. 하지만 교우 여러분이 영육 간에 행복해 하는 것을 볼 때면 정말이지 힘든 줄을 모릅니다.

어제는 많은 남자분들이 Clean Road Day 행사에 참여하였습니다. 줄을 서서 흙주머니를 나르는 모습을 보니 얼마나 신이 납니까? 저는 교회에 남자들이 이렇게 죽 있으면 얼마나 좋은지 모릅니다. 정말 든든합니다. 아마도 다른 교회 목회자들이 어제의 우리 모습을 보았다면 너무너무 부러워했을 것입니다. 어제, 일을 끝내고 누가 그래요. 봉사하는 사람들도 너무 행복한 표정이었다고 하더라고요. 그리고 사무실로 오면서 보니까 여기저기서 또 여성분들이 봉사하고 있어요. 천국이 따로 없잖습니까?

만군의 여호와여,
주의 장막이 어찌 그리 사랑스러운지요.
주의 집에 사는 자들은 복이 있나니
그들이 항상 주를 찬송하리이다. (셀라)

2009년 8월 10일

사랑합니다

이대규 (목사 / 신학교 입학선배이며 졸업동기)

존경하는 목사님, 사모님,

여름은 잘 지내고 계신지요. 보내주신 사랑은 잘 받아보았습니다. 감사합니다. 전화를 드리려다 요즈음 잘 쓰지 않는 편지를 써봅니다.

모든 것, 모두 다, 주님께 올려드리는 (어쩌다 한 점 놓칠까 봐 온전히 드리는) 산 제사의 시간을 사시는 한 목사님, 지난번 저희가 그곳에 갔을 때는 늦은 봄이었는데 겨울 파카가 그렇게 안전해 보일 수가 없으신 모습을 뵈면서, 반갑고 가슴 아프고 기뻤습니다. 혹시, 이번 여름도 별로 더운 줄 모르고 지내셨는지요.

이곳 이대규 목사님이 남다른 건강 때문에 때로는 그 모습의 연출이 가능합니다만, 한 목사님은 주님에 대한 열정을 온전히 불태우고 계셔서 저희는 할 말을 잃어버린 채 돌아왔습니다. 사모님에게 그 곳 교회 지은 이야기 등등, 조금 조금 듣고, 보고 싶었던 작품들을 직접 보고, 저녁 늦게까지 목사님을 기다리다가 여전히 바쁘신 것을 알고 (굳이 할 말도 없으시면서 한 목사님 얼굴 한 번 더 보고파서 기다리는 저희 목사님을 달래고 달래서) 나오는데, 사모님은 별거 별거 다 싸서 주시다 못해 잡숫는 열무김치까지 담아 주셔서, 친정에라도 다녀오는 것처럼 한 보따리를 가져 왔었지요. 예배 가셔야 할 사모님을 밥까지 시킨 이 죄인들을 탓하지도 않으셨는지, 여전히 사랑의 보따리를 보내주셔서 그저 받기만 합니다.

목사님께서 쓰신 「믿음의 길」은 이름도 없이 빛도 없이 교육국에 넘기시고, 책임 집필자 한영제는 개미같이 쓰여서 굳이 알고 찾아보거나 해야 보게 되어 있더군요. 여러 가지로 목사님은 너무너무 크셔서 제 고개가 푹! 꺾인 지 오래 되었습니다.

이 길을 가르친다기보다 제가 은혜 가운데 배우고 익히고 있는데, 사람사람이 변화의 고백이 비추일 때마다 한 목사님께 대하여 큰 감사가 꾸우-뻑! 그리고 한 목사님과 예수님이 그림 되어 보입니다. 예수님께서 한 목사님만 보시면 만면에 웃음이 가득 차시고, 이 그릇이 얼마나 귀중한 그릇인 줄 아느냐고 보물처럼 아끼시는 것을 봅니다. 영광의 광채가 좋은동산에 드리워져 있는 그런 느낌은 꼭 오버스러운 표현만은 아닌 것 같아요.

한 목사님의 자랑을 조금이라도 하다 보면 왜 예수님 이야기로 곧 이어지는지, 그것은 목사님의 삶의 빛인 것만 같습니다. 대개 사람이야기를 하다 보면 예수님은 온데간데없어지기 일쑤인데, 한 목사님은 예수님을 너무너무 닮아서인지 꼭 그렇게 되어요.

예수님 닮은 한 목사님 때문에, 은항골은 빛의 언덕이 되었고, 평안히 자리 잡은 성전, 들, 길, 길, 나무, 나무, 잔디, 기도하는 집, 그 유명한 종, 성도들의 집, 사택, 그리고 무슨 무슨 관, ○○관들, 끊임없이 짓고 또 지을 것만 같은 조짐이 물씬 풍기는 곳. 처소를 예비하러 가신 예수님하고 꼭 닮으셨어요. 벌써 24주년이 되었네요.

보내주신 〈조은〉을 읽어 보니, 성도들까지도 목사님을 닮아 글도 잘 쓰시고... 또 그곳에는 두솔길이 있어서 참 반가웠습니다. 우리나라에 예수님을 웃으실 수 있게 해드리는 좋은교회가 있어서 저희도 진심으로 행복합니다.

에녹 같은 목사님, 정말 멋쟁이, 한영제 목사님! 그 뒤에 소리도 없이 큰 기도하시는 사모님. 존경합니다. 사랑합니다. 감사합니다.

2009. 8. 10

가을이 오는 길목에서 포천 사는 이대규 부부 올립니다.

2009년 8월 18일
그보다 더한 것도

　　　　　　한 번에 한 채의 건물을 짓는 것도 쉬운 일이 아닌데, 한꺼번에 두 채의 건물을 짓는 일은 아무래도 신경이 더 쓰이는 것 같습니다. '은혜의 집'과 '지혜의 집'을 동시에 시작해서 20개월이 지난 지금까지 한 건물만 완성하고 나머지 하나는 아직도 많이 남았습니다. 도중에 시공업자가 떨어져나가고 직영체제로 바뀌면서 마감공사의 전부를 떠맡았습니다. 그럴 줄 알았으면 처음부터 꼼꼼히 챙겼을 터인데, 맡긴 공사니까 작은 부분까지는 알지 못합니다. 그래서 더더욱 혼란스러웠습니다. 공사의 내용도 그렇고, 공사비 처리도 그러했습니다.

　그 힘든 부분 중에 하나는 방수 문제였습니다. 골조에서 물이 새기 시작하는데 시간이 흐를수록 점점 더 심해지는 겁니다. 방수업자를 불러 한다고 했는데도 소용이 없어 보였습니다. 아예 지붕 전체를 덮을 생각을 했습니다. 하지만 그렇게 한다 해도 100% 잡을 수는 없는 것이 문제입니다. 정말 답답하였습니다. 다른 것은 그냥 그러려니 하고 넘어갈 수 있겠지만 방수 문제는 한 치의 틈도 용납해주지 않습니다.

　'은혜의 집'은 우리 직원들이 직접 지붕에 올라가서 이런저런 방법을 다 써서 기와를 얹기 전에 막았습니다. 간단한 일은 아니었지만 최선을 다했습니다. 그러나 '지혜의 집'은 우리 직원들이 해보느라 했지만 그다지 큰 효과를 보지 못했습니다. 이 건물은 골조공사를 나중에 한 것인데, 아마도 업자가 노출콘크리트 면 처리를 더 곱게 하느라고 레미콘 재료의 비율을 다르게 한 것 같아 보입니다. 그렇지 않으면 이렇게 심하게 금이 갈 수 없습니다. 1m에 하나 꼴은 생겼습니다. 심하게 말하면 전체가 다 금이 갔습니다.

어느 날 설계사가 왔기에 그 문제를 가지고 심각하게 말을 꺼냈습니다. 그랬더니 그 상황에 대해서는 진지한 대안을 내놓지 않고, 내 말에 너무 쉽게 툭 내뱉는 겁니다. 무관심 내지는 무책임하게 던지는 듯한 말투였습니다.

'목사님, 그 동안 그보다 더한 것도 이겨내셨잖아요. 안 그래요?'

강 건너 남의 집 불구경하는 말투였습니다. 그러나 그 말이 내 가슴에 와서 팍 꽂혔습니다. 그 일이 있은 지 얼마 지나지 않아, 그때 그 말이 내게 그렇게 충격을 주었다고 했더니, 그는 그 말을 했는지조차 잘 기억하지 못했습니다.

정말 그 말은 내게 또 다른 도전이 되었습니다. 생각해 보면 정말 그랬습니다. 강 소장은 나와 20년 이상 함께 관계를 맺어왔습니다. 한두 채의 건물을 지은 것도 아닙니다. 우리의 사정을 안다면 아는 사람입니다. 어려운 난관들이 그 동안 얼마나 많았습니까? 그러나 지금까지 하나님의 은혜로 극복해 왔습니다.

그 일이 있은 후부터 조금 힘든 일이 있으면 그 말이 떠올랐습니다. '그보다 더 어려운 일도 있었으나 이겨내게 하셨는데…' 하는 생각이었습니다.

문제가 있습니다. 문제가 없다는 것이 아닙니다. 그렇습니다. 문제가 클 수도 있어요. 그러나 문제시하지 않으면 문제가 되지 않습니다. 내가 문제에 초연하면 그만입니다. 그리고 문제에는 해답이 있습니다. 하나님이 계십니다. 큰 문제보다 더 크신 하나님이 계십니다.

요 며칠 전 성경을 읽다가 이 말씀이 내게 와 닿았습니다.

"그대는 마음을 강하게 하고 용기를 내시오. 주님께서 친히 그대 앞에서 가시며, 그대와 함께 계시며, 그대를 떠나지도 않으시고 버리지도 않으실 것이니, 두려워하지도 말고 겁내지도 마시오"(신 31:7~8).

2009년 12월 29일

너를 향한 나의 마음

우리가 너를 처음 보았을 때
참으로 볼품이 없었다(사 53:2)
이파리나 가지가 많은 것도 아니고
그나마 있는 이파리마저
짙푸른 색을 띠지 못했다
그도 그럴 것이
수십 년 아름드리 상수리나무들 틈바구니에 있었으니
고사당하지 않은 것만도
박수 쳐 줄 만하다
버텨낸 네 끈기에 대해서

비탈진 언덕에서
수십 미터 높이의 위력 앞에서
그 그늘 아래서 생존하느라
몸부림쳤을 일을 생각하니
가슴이 아련해진다
그렇다. 하늘을 향해 곧게 뻗어야 할 네가
70도 이상 굽어
무명의 묘자락으로 한없이 고개를 숙인

너의 구부정한 자세는
생명에 대한 모진 집착이리라

누가 너를 쳐다봐 주었단 말인가(사 53:3)
고운 모양도 없고
훌륭한 풍채도 없으니
흠모할 만한(바라볼 만한) 아름다운 모습이 없다
그렇게 버티다 더 버티지 못할 때에는
그대로 명(命)을 끝낼 것이다
그리고 그 일을 아는 이마저
아무도 없었을 거야
원래 숲속에서는 흔히 일어나는 일이니까
그 일이 특별한 일도 아니니까

우리는 너를 보고 용기를 내었단다
모험을 감행하였지
그대로 두어 치어 고사되느니
옮겨보자 하였다
전문가의 손도 아닌데다가
뜨다 보니 분도 만들어지지 않았다
부슬부슬한 땅에 낙엽으로 감싸 있을 정도였기에
뿌리가 뽑혔을 때는
가지보다도 더 실망스러웠다
너랑 함께한 두 그루는 결국 얼마 못 가 죽고 말았잖니

어쩌면 그래서 20미터를 맨손으로 옮길 수 있었을 것이다

휘어진 모양 그대로 기울여 심었다
그 모습이 네 모습이었기에
다만 죽지 않고 살아주기를 기대하면서
하늘정원, 그렇다. 좋은 쉼터로 가는 곳에
너 일송(一松)이 지켜주기를 기대하며
은항골의 가장 거룩한 곳을
예배를 드리는 이들이 제단을 삼는 쪽을
너에게 맡기며 자리를 내준 것은
너를 향한 우리의 기대가 어떤지를 말해주잖니

네 이파리가 마르지 않기를
네 뿌리가 땅에 안착되기를
그래, 그렇게 되기를 간절히 바랐다
네 동료들은 쓸쓸히 우리 곁을 떠나갔지만
너는 대견스럽게도 네 본래의 모습
아니, 하나님이 주신 원래의 자태를
서서히 드러내주었다
거목이나 대목, 인위적 괴목에 비할 바는 못 되지만
적어도 우리 골짜기의 대표성을 띠었다
사랑을 받기에 자격이 있지

그렇게 해를 몇 번 넘겼다
이제 너도 완전한 우리 식구가 되었으니
너 말고도 돌봄을 필요로 하는
또 다른 가족에게로 눈을 돌렸다
너를 사랑치 않아서도 아니고

너를 무시해서도 아니다
그건 너도 알잖니
네 곁을 지날 때 눈길을 주지 않은 적은 없잖아
비록 너를 보러 일부러 네게로 다가간 적은 없지만
사랑한다는 말을 안 했다고 사랑 안 한 것은 아니다

솔잎이 쫑쫑하게 가지마다 매달린 것은
보는 이로 하여금 넉넉하게 하지만
그것이 네게 큰 짐으로 여겨진다는 사실은
뿌리가 드러나고 더 휘어지는 허리를 보고야 알았다
곧은 줄기였다면 버텨냈을 테지만
넌 처음부터 그런 체형으로 만들어졌으니
그래, 힘들었을 게다
그 정도도 못 버티느냐고 남들이 비웃을지라도
나는 널 이해해
이해심이 많아서가 아니라 동병상련 때문이지

세상엔 우람한 소나무들이 즐비하다
세인들의 주목을 받기에 충분한 미모를 지니었다
당당하게 자기를 뽐내는 것
그러면서도 조금도 힘겨워하지 않는다
그러나 너는
남과 비교할 수가 없구나
남들만큼 큰 짐도 아닌데
그게 네게는 버거운 것이었구나
어깨가 그렇게도 아프다고 하는 걸 보니

땅바닥 패인 곳으로 네 몸을 잔뜩 웅크린 걸 보니(사 53:6)

올 12월은 유난히도 눈이 자주 오는구나
그렇지 않아도 진작부터 생각하고 있었지만
다른 일에 밀려서 네 힘듦은 쌓여만 갔다
조금만 더 참아 달라고
조금만 더 버텨 달라고
조만간 보완책을 마련해 보겠노라며
귀띔해 준 것만으로는 부족했다
벌써부터 버팀목이 제 구실을 못하였음에도
걸쳐 있는 지팡이가 우리를 착각하게 하였다
솔가지에 눈이 쌓여 고꾸라지기까지도

분주한 성탄절 그 다음날이다
병상에 누운 지 열흘 만에 처음으로
예배당 주위를 걸었다
네 모습이 내 모습이고
내 모습이 네 모습이기에
그 어느 때보다 가련스러웠다
주일 준비에 바쁜 토요일 오후이지만
여전히 처방의 묘책이 떠오르지 않지만
그렇다고 오늘도 수수방관할 수는 없었다
긴긴 겨울동안 또 얼마나 큰 눈이 쌓일지 알 수 없기 때문이다

힘겨워하는 가지들을 과감히 잘라줄까
남들은 이구동성으로 일을 줄이라고 한다

하지만 더 급한 것은
굽어진 허리와 어깨
흔들리는 목대와 드러날 뿌리다
겨울의 찬 공기를 들이마시면
그건 정말 안 되기 때문이다
하늘문 계단에 놓아둔 벽돌로
체인으로 끌어올린 줄기에다 받쳤다
이미 수평이 되어 버려 누워 있는 자세지만

밤낮으로 뒤척이며
이쪽저쪽 모로 평으로 누워 보지만
그 어느 쪽도 편치 않고 아파하던 너에게
썩어질 나무때기가 아닌 구운 벽돌이
옹벽 기초 위에 놓였으니
더는 굽지 않으리라 믿어지잖니
10년은 갈 것이라 중얼거렸다
아깝지만 몇 잔가지는 잘라주었다
그 정도 가지고는 짐을 벗는다 할 수 없지만
시간을 두고 찬찬히 더 벗기로 하고

들뜬 땅을 큰 해머로 탕탕 다졌다
얘야, 이젠 됐지?
나도 걱정했지만 너 또한 얼마나 불안했니
이젠 좀 마음을 놓거라
그리고 꿋꿋이 네 자리를 지켜다오
사람들이 널 칭찬해주지 않아도

너를 향한 찬사의 소리 아니 들려도
숨겨진 골짜기 뒤뜰이라고
네 가치와 사명이 바래지 않는다
진짜 보화는 시장 바닥에 내놓는 법이 없느니

오른손잡이가 왼손으로 쓴 글씨를 보았는가
그것도 완전히 드러누워 사선으로
그러하다, 지렁이 글씨 개발새발
이리저리 뉘인 불균형의 네 모습이다
어쩌면 그래서 너를 보는 이마다
하나님이 만드신 자연의 신비와 신기함에
감동과 찬양이 우러나오는 것이 아닐까
왼손으로 젓가락질하여 밥풀이 입에 들어가는 것
그런 것이 신기하고 감사가 되다니
이 글을 쓰는 데도 사흘이 걸렸단다

하늘정원 좋은쉼터 입구 하늘문의 소나무

2010년 1월 19일

보고 싶어요

김진수 (집사 / 가경7속)

목사님, 보고 싶어서 감히 편지를 써봅니다.

제가 좋은교회에 온 지 꼭 10년째 되는 해입니다. 미국에서 공부하고 돌아와 청주에서 대여섯 교회를 방황하다, 저희 환자 한 분이 좋은교회를 소개해 첫 날 목사님 말씀을 듣고 등록한 후, 그 날부터 10년 간 성가대에서 봉사하고 있습니다. 아직도 세상을 많이 사랑한 저를, 신옥례가 목사님과 함께 믿음으로 인도하고자 노력했습니다. 이제 겨우 하늘을 바라보는 그런 사람이 되었는데요. 목사님께서 사람은 10년은 지켜봐야 한다고 하셨지요.

지난 두 번의 저희 치과에서 치료과정이 저에게는 정말 행복했습니다. 지난여름에 가까이서 뵈었던 목사님의 모습을 매일 그려봅니다. 이제는 저도 하나님의 사람으로 때가 차지 않았나 생각했습니다. 앞으로 목사님께서 말씀하시면 꼭 'Yes' 라고 할 것입니다.

특별새벽기도회에서 뵌 후 보지 못하여 너무 보고 싶었습니다. 성탄절 날은 오시겠지, 송구영신예배는 오시겠지, 새해 첫 예배는 오시겠지, 그러던 1월 10일 주일은 정말 어디라도 찾아보고 싶었습니다. 신 집사가 목사님 한 번 멀리서 뵈었다고 할 땐 곧 보리라 생각했습니다.

목사님! 제가 일찍 충성하지 못해 죄송합니다. 물질을 너무 사랑해서 가까이 가지 못했습니다. 이제 가까이 가고 싶습니다만….

정말 좋은교회에서 행복했습니다. 매일 매일 큰 기대를 갖고 주일을 기다려 왔습니다. 2010년 새해에도 그러고 싶은데 목사님이 계셔야지요. 2010년

의료 선교회 계획도 모두 있는데요. 어디로 가야 할지요?

제가 5~6년 전에 할렐루야 성가대에서 '은항 중창단' 함께 했지요. 목사님께서 부활절 예배 후 지어 주셨지요. 지금은 12명의 단원입니다. 기회를 주신다면 목사님과 사모님 두 분만을 위한 찬양을 하고 싶습니다. 웃으시는 모습 보고 싶습니다. 강서동에 빌딩을 지은 후에 선교센터를 하고픈 소망도 갖고 있습니다. 기독교인의 쉼터를 만들고 싶습니다. 목사님께서 말씀하신 '좋은병원'을 말입니다.

목사님! 힘내세요. 저희가 있잖아요.

목사님!

정말 좋은교회 좋습니다. 어디를 가도 목사님의 숨결을 느낍니다. 사모님 너무 좋습니다. 신 집사가 '마더와이즈' 하면서 가끔씩 왕 사고님이라고 하였습니다. 웃으면서 '왕 언니' 라고도 했습니다. 정말정말 행복했습니다. 신 집사는 좋은교회 때문에 이사도 못 간다고 했습니다.

언젠가 성서대학에서 '김 집사, 책 한 번 내줘' 라고 하셨어요. 그래서 시간이 많다고 기다렸습니다. 앞으로도 기회는 많지요.

목사님, 꼭 힘내세요. 다시 설교하시는 시간을 기대해 봅니다.

모두가 너무 너무 보고 싶어 하십니다. 아마 충북대 병원 근처에서 서성대는 사람도 있을지 모릅니다. 소리라도 쳐 보겠지요. '목사님!' 하고요.

저는 아직 하나님의 뜻은 모릅니다. 단지 목사님이 너무 보고 싶습니다. 건강 꼭 회복하셔서 일어나십시오.

사랑합니다, 목사님. 정말 죄송합니다. 건강도 지켜드리지 못해서요. 몇 번이고 더 편지를 쓰고 싶습니다만, 목사님께 누가 될까 두렵습니다. 사모님께서도 힘내시길 바랍니다.

감사합니다, 목사님. 정말정말 사랑합니다.

2010년 1월 19일
김진수 드림

2010년 1월 31일

각본을 써주신 하나님

1

지난 해 9월경이었다. 잘 아는 분이긴 하지만 소식을 서로 전하는 일은 뜸한 관계인 분에게서 편지가 왔다. 그분과의 인연은 30년도 더 거슬러 올라가야 한다. 1978년 봄이었다. 그분이 개척하고 군목으로 가시면서 그 기간만 맡아줄 교역자를 찾다가 교수님에게 나를 소개받았다.

3년 후 여러 가지 사정으로 인해 내가 군목으로 입대하면서 그분이 그 교회로 다시 오실 수 없게 되었다. 원래 스케줄은 내가 4년 후에 입대하도록 예정되어 있었는데, 군목 부족사태가 일어나 국방부에서 조기 입대를 명한 것이다.

앞뒤 사정이야 어떻든 배턴을 잘 전달해드리지 못한 것에 대한 죄송한 마음이 있었다. 그 후 그 선배님과 여기저기서 만나는 경우가 있을 때 나는 최대한 예의를 갖추느라 애썼다. 상처가 모두 아물기를 바라서였다. 그리고 그분의 사역이 잘될 때마다 진심으로 기뻐하였다. 때로는 그분의 목회에도 어려운 시절들이 있었지만, 대도시에서 개척하여 요지에다 1,600평의 훌륭한 예배당을 짓고 성공적인 목회를 하는 것을 보면서 더없이 내게 위로가 되었다. 봉헌예배 때 보내준 홍보물이나 그분의 저술을 보면서도 속으로 박수를 보냈다.

그런데 정말 오랜만에 사적인 편지가 그분에게서 왔다. 시무하던 교회를 정리하고 새로운 목회를 기도하고 있다는 소식과 함께 도움을 요청하는 편지였다. 그러면서 우리들 간에 있었던 과거의 아픈 기억들을 이미 잊기는 하였으나, 이번을 계기로 다정한 관계가 될 수 있지 않겠느냐는 것이다.

나는 이 편지를 들고 한 달을 묵상했다. 정기 기획위원회의에서 결의하기까지 그만한 시간이 필요했던 것이고, 또 그런 특별후원은 나 혼자 결정할 수 없었기 때문이다. 더욱이 우리 교회와 직접적인 관련이 없고, 다만 내 개인적인 인간관계에서 나온 문제이기에 주저했던 것이 사실이다.

회의에서 30분 이상 임원들을 설득했다. 그리고 그분의 요청대로 우리 교회가 그분을 공식적으로 민간군목으로 파송하며 2년 동안 월 100만 원씩 지원하기로 결의하였다. 내 깐에는, 그리고 우리 교회 재정 형편상, 더욱이 다른 교역자와 형평의 잣대로 말하면 쉬운 결정은 아니었다. 하지만 30년 전의 상처가 깨끗이 치유된다면 더없이 감사할 일이다.

첫 후원금을 송금한 것이 바로 12월 말이다.

2

우리 교회가 개척되고 얼마 되지 않아 예배당을 신축한 것은 그야말로 기적과 같은 하나님의 특별한 은혜요 축복이었다. 하지만 골조를 마무리할 즈음 나는 쓰러져 일어나지 못하고 40일을 죽다 살아났다. 죽을 수도 있었을 상황이었다. 그때 나는 내 사랑하는 친구요 고등학교 동기생인 목사에게, 나와 함께 목회하자고 애걸하였다. 내가 죽기 전에 내려와 나를 도와달라고 간청했던 것이다.

친구는 그때 광명시에서 교회를 개척하여 상당히 안정된 상태였다. 그런데 정말 친구답게 그걸 다 포기하고 내려와 나와 공동목회(Team Ministry)를 시작했다. 나는 담임목사라는 명칭을 쓰지 않기로 하고 행정과 설교를 책임지며, 그 친구는 심방 등의 선교 분야를 전담키로 했다.

우리의 협력목회로 예배당은 완성되고 교회도 계속 성장하였다. 하지만 꼭 좋은 일만 있었던 것은 아니다. 교인들과의 관계에서 얽히는 일도 생겼고, 급기야 오해의 부분도 있었다. 만 2년이 지난 후 H신학교 교수님의 소개로 친구는 인천의 모 교회로 부임해 갔다. 친구에게 많이 배려하지 못한 것에 대해 미안한 마음이 들었다.

그 후 우리의 관계는 가깝지도, 그렇다고 멀지도 않게 지내왔다. 다만 연회가 다르고, 출신(신학교)이 달라서 만날 기회는 많지 않았다. 하지만 그가 지방 선교부 총무로 있을 때 나를 지방연합집회 강사로 초청해주어서 좋은 시간을 보낸 적도 있다. 나도 그 고마움을 약간의 선물로 표시하기도 했던 것으로 기억한다.

서로가 바쁘기도 했지만, 그 이후 깊은 대화를 나눌 기회가 거의 없었다. 그러다 보니 거리가 멀면 마음도 멀어진다고, 때로는 다소 서먹서먹하기도 했다.

얼마 전의 일이다. 감리교신학대학교 대학원에 다니는 우리 집 아들아이가 미국으로 유학을 가기 위해 준비 중일 때, 그 친구의 큰아들도 같은 학교에 가게 되었다는 소식을 들었다. 어릴 때 자기들끼리 같이 뛰어놀았는데, 이번에는 같은 시기에 같은 학교를 가게 되었다니, 그간 서로 왕래가 있었던 것도 전혀 아닌데, 그래서 서로 얼굴도 잘 기억 못할 세월이 흘렀는데, 미국 신학교(드류) 기숙사에서 같은 방을 쓰게 되었다는 것이다. 서로가 서로에게 큰 도움이 된다고 아이한테서 들었다. 죽이 너무 잘 맞아 주변사람들에게 둘이서 사귀냐는 말도 듣는다고 했다.

뜻밖의 반가운 일이라서 친구에게 전화를 했다. 약간은 당황했다. 나는 너무 흐뭇해서 한 것인데, 상대방은 다소 시큰둥했다. 그리고 며칠이 지난 후 전화가 왔다. 한번 우리 집엘 오겠다는 것이다.

그 친구 목사님 내외가 우리 집에 온 것이 또 12월 말이다. 내가 아파서 출근하지 못할 때였는데, 그리 긴 시간은 아니었지만 정말 모처럼 허심탄회하게 가슴으로 대화를 했던 것 같다. 그러면서 이런 말도 했다. 그들이 우리 교회를 떠난 것이 1990년 2월이었는데, 꼭(거의) 20년 만에 두 내외가 우리 교회와 우리 집에 왔다는 것이다. 그리고 그 날 찾아온 것이 너무 잘한 것 같다고도 했다. 20년 만의 진정한 해후였던 셈이다. 아버지 두 사람 사이를 두 아들들이 다정하게 만드는 큰 역할을 하였다고나 할까?

3

내 병이 심상치 않음을 느끼기 시작한 것은 불과 얼마 전의 일이다. 여러 가지 검사를 하면서, 마지막으로 PET CT를 찍던 날이다. 이미 여러 번 통 속에 들어가 촬영을 하였지만, 그 날은 더더욱 긴장이 되었다. 조직검사의 결과가 나오는 날이었기 때문이다.

이번에 내가 퇴원하면 이젠 정말 화해의 목회, 위로의 목회, 치유의 목회, 화평의 목회를 하겠노라고 여러 번 결심하고 있던 차였다. 그런데 그 날 통 속에서 묵상하면서 결심하였다. 이담이 아니라 바로 오늘 실행하겠노라고….

촬영이 끝나고 나오자마자 전화를 하도록 했다. 오래전 내 곁을 떠난 예전의 사무장이 보고 싶으니 와달라고 전하라 하였다. 그러니까 그가 우리 곁을 떠난 것은 1997년 12월 말이었다. 꼭 12년 만이다. 단 한 번도 전화해 본 적이 없다. 너무 섭섭해서 보고 싶어도 이를 악물고 참았다. 꿈에서 그를 본 것도 수십 번이 넘는다. 군목 때 군종병으로 나를 도왔고, 으리 교회를 개척할 때 그와 내가 둘이 앉아서 시작한 일이어서, 우리는 그가 우리 가족인 양 여겼다.

앞뒤 사연이야 어떻든 내 곁을 떠나, 같은 하늘 아래에 살면서도 전혀 소통이 없이 지냈던 것은, 나나 그나 피차 고통이었을 것이다.

그에게 전화를 하도록 부탁했더니 1시간 반이 지나서 병실에 왔다. 1시간

남짓이면 만날 수 있었던 일을 12년이 지나도 못한 것은 내가 많이 회개할 부분이다. 그를 막상 만났을 때 하고 싶은 말이 너무 많았지만, 바로 그 순간 의료진이 보호자에게 내 병이 치료의 선을 넘은 상태라는 말을 듣던 순간이어서, 의례적인 말 외에는 건넬 수가 없었다.

나중에 다시 만나 식사라도 하자고 했지만, 더 이상 그를 만날 수 없음을 안다. 그는 나에게 내일 또 다시 오겠다고 했지만, 그럴 사정이 되지 못함을 그는 아직 눈치 채지 못한 모양이다.

며칠 후 내가 군목 때 신우회장이었던 오 장로와 함께 그가 기도원에 들어가 금식을 했다는 얘기를 전해 들었다. 고마웠다.

4

참으로 이상하다. 내가 그렇게 깊은 병이 있는 것도 모르고 주일 낮이고 밤이고 설교하고, 또 특별새벽기도까지 하던 즈음, 그러니까 12월 13일 주일 낮에는 평소 그래왔던 것처럼, 예수님의 생애와 교훈을 연속으로 설교하였는데, 그 날 설교 내용은 '땅과 하늘의 관계'(마 18:15~20)이다. 첫째는 땅에서 풀어야 하늘에서도 풀린다는 것이고, 두 번째는 땅에서 우리가 합심하면서 구해야 하늘에서도 이루어주신다는 것이었다.

욥기의 맨 마지막 장에는 욥이 고난에서 벗어나는 장면이 묘사된다(42:10). 욥이 주님께 자기 친구들을 용서해 달라고 기도를 드리고 난 다음에 주님께서 욥의 재산을 회복시켜 주셨다는 것이다.

그 날 저녁설교, 그러니까 12월 13일 주일저녁, 이 날이 결국 내가 마지막으로 강단에서 주일을 지키던 날인데, 밤에도 결국 같은 맥락의 설교를 했다. '용서하는 자에게 주시는 은혜'(마 18:21~35)라는 제목의 설교이다.

"주님, 내 형제(신도)가 나에게 자꾸 죄를 지으면 내가 몇 번이나 용서하여 주어야 합니까? 일곱 번까지 하여야 합니까?"

그뿐이 아니다. 하루하루 버티며 그래도 특별새벽기도회에 참석하는 6백여 명의 성도들을 실망시키지 않으려고 기를 쓰며 강단을 지키던 때, 사실은 그 전날 도저히 더 이상 할 수가 없어서 포기하려다가 그래도 하루를 더 버텨보자고 새벽에 서서 했던 설교, 12월 16일 수요일의 새벽설교는 '좋지 않은 이웃에 대하여'(롬 12:14~21)라는 내용이다. 지난봄에는 로마서 전반부를 특새에서 묵상했는데, 이번에는 로마서 후반부였다.

"여러분 쪽에서 할 수 있는 대로 모든 사람과 더불어 화평하게 지내십시오"(12:18).

"악에게 지지 말고, 선으로 악을 이기십시오"(12:21).

그 전날 새벽 메시지는 "형제의 사랑으로 서로 다정하게 대하라"(12:10)는 것이다. 참 이상하다. 32년 목회의 마지막 강단에서의 설교는 주일낮이고 밤이고 새벽이고, 같은 선상에 있다. 그것은 내 계획이 아니다. 주일설교는 3년째 시리즈로 해오고 있고, 새벽기도회 설교도 앞에서 말한 것처럼 로마서를 차례대로 해왔을 뿐이다.

5

2010년은 내게 허락된 생명의 시간이다. 1월 6일, 교회에 가서 예배드리지 못하고 그저 집에서 혼자 묵상하며 기독교TV를 켜야 했던 때였다. 그 날은 수요일이었는데, 송 집사님이 저녁에 오십견 근육주사를 노주어서 다소 통증도 덜 느끼던 날이다. 자정이 되면 이러나저러나 잠을 청하였는데, 그 날은 침대 위에서 왼손으로 어설프게 메모하기 시작한 것이 새벽 3시가 되어서야 연필을 놓았다.

그 본문 말씀이나 제목이 굳이 오늘 필요하다고 느껴서 쓴 것이 아니고, 그저 방송설교를 들으면서 느낀 한 구절 때문에 나중에 언젠가 그 제목으로 설교할 때가 있으려니 싶어 메모한 것이다.

상황이 악화되자 급히 돌아온 아들에게 타이핑이라도 해놓으라고 했다. 사장되느니 정리라도 해놓으면 좋지 않을까 싶어서다. 그걸 정리하고 하나의 완성된 설교문이 되기까지는 꼬박 21일이 걸렸다. 그런데 이 설교를 언제 어떻게 누가 한단 말인가?

　여러 번 고민하다가 그래도 후임자가 오기 직전 주일인 1월 31일, 강단에 설 수만 있다면 이 설교를 하고 싶었으나 끝내 서지 못했다. 그 대신 주일 저녁에 아들 한진주 전도사가 이 설교문을 대독했다. 그 날만큼은 그래도 내가 강단에 설 줄 알았던 교우들이 많이 실망했지만, 저녁 설교가 내 설교문이라는 광고를 하여서인지, 성가대 좌석을 빼면 어림잡아 1천 석이 되는 아래층이 꽉 찼다고 한다. 저녁예배인데도 하여간에 평소보다 한참 더 많이 참석한 것 같다.

　그런데 그 설교의 제목이 '당신 덕분에' 이다. 요셉은 자기를 노예로 팔아넘긴 형들을 원망하고, 보디발 장군의 부인을 원망하고 그러지 않았다. 훗날 그 형들 때문에, 그 부인 때문에 총리대신이 되는 발판이 되지 않았는가? 그래서 '너 때문에' 라면서 원망하지 않고, '네 덕분에' 이렇게 되었다고 고백하는 장면, 그것에 관한 메시지이다.

　생각해 보면 나와 불편한 관계의 사람들 때문에 힘이 들었던 것도 사실이지만, 그들 덕분에 오히려 하나님의 더 큰 은혜를 경험했던 것이다.

　이 글에 더 자세한 내용을 담지 못하는 것이 아쉽다. 그 외에도 지난 연말에 화해와 화평을 경험한 일이 더 있기 때문이다. 요셉 본문의 설교가 별로 상관이 없는 줄 알았는데, 일련의 드라마를 보면서 하나님께서 각본을 쓰고 계셨음을 깨달았다.

　우리가 세상을 떠나기 전에 꼭 해야 할 일 가운데 이것 말고 더 중요한 일이 어디 있을까? 내가 하고 싶어서 한다면 한없이 시간이 걸릴 것이다. 겨울에 눈을 치우고 얼음을 깨는 일은 힘이 든다. 하지만 봄이 되면 가만두어도 저절로 다 녹아내린다. 나의 주께서 때를 맞춰 내게 이런 은혜를 주신 바에 놀라움을 금치 못한다.

2010년 1월 31일 주일아침

The Good Church

좋은교회 성도 여러분께 드리는 인사

　　　　　　새해를 맞이하고도 벌써 한 달이 다 지나가고 있습니다. 참으로 금년에는 그 어느 해보다 주님의 영광을 보게 되기를 기원합니다.

여러분과 함께 한자리에서 예배를 드리지 못한 지 한 달 반이 되었습니다. 그 동안 부족한 종을 위해 열심히 기도하고 격려해주신 것에 깊은 감사를 드립니다. 일일이 그 고마움을 표현하지 못함에 대해서는 더더욱 죄송할 따름입니다. 우리 주님께서 여러분의 수고와 사랑에 대해 갚아주시고 위로해주시기를 간절히 기도드립니다.

저는 정말로 성도 여러분의 뜨거운 사랑을 지속적으로 받은 행복한 목회자였습니다. 때로는 너무 그 사랑이 과분하여 부담이 되기도 했을 정도니까요. 이제 그 사랑을 갚지 못하고 인사를 해야 한다는 것이 실감이 나지 않지만, 그러나 주님의 뜻이라면 그 어디든, 그 무엇이든 순종하겠노라 다짐해 왔기에, 모든 것을 내려놓고, 그 다음 하나님께서 하시는 일을 기다리고자 합니다. 저와 우리 교회 모든 주의 백성이 주의 뜻에 순종하기를 원합니다.

우리 교회에 새로 목회자 한 분이 오시게 되었습니다. 김종훈 목사님은 공주 초대교회를 지난 3년 동안 담임하시면서 놀랍게 부흥시킨, 열정 있고, 기도 많이 하시고, 성도들을 많이 사랑하는 분입니다. 하나님께서 우리를 위해 미리 예비해주신 분이라는 확신이 생겨서 장로님들과 함께 결정하였습니다.

목사님은 인천 출신으로, 인하대학교 법대를 졸업하고, 미국에서 영상에 관한 공부와 경험을 통해 미국 NCN-TV에서 PD로, 그리고 국내에서는 기독교복음방송 C3TV, 최근에는 이름이 GoodTV로 바뀌었는데, 그곳에서 제작실장으로 근무하다가 목회사역에 대한 부름을 받으셨습니다.

미국에서 신학 공부를 시작하다가 감리교신학대학교 목회대학원(M.div)을 졸업하고, 인천북지방 서광교회에서 교육전도사, 그리고 본인이 개척한 인천 서지방 가나안교회에서 사역을 하다가, 3년 전 공주 초대교회가 탄생할 때 제가 소개하여 사역을 아주 잘 감당하셨던 것입니다.

여러분, 그런데 나이가 궁금하시죠? 그래요. 성도님들은 목사의 나이가 얼마나 되는지 늘 궁금해 하더라고요. 40대 초반이십니다. 아주 좋은 나이 아닙니까? 사모님도 젊고 예뻐요. 1남 1녀의 자녀가 있습니다.

내일 목양관으로 이사를 하고, 2월 첫 주일인 7일부터 우리 교회의 새 행정책임자로 서게 될 것입니다. 당분간 교회법에 따라 행정적으로는 부목사로 부임하지만, 담임목사의 직무대행으로 일을 하실 것입니다. 우리 교회에 담임목사가 두 분이 되는 셈인데, 대외적으로는 제가 담임목사이고, 우리 교회 내에서와 실질적으로는 이제 김 목사님이 담임목사입니다. 호칭에 있어서는 아무래도 어느 시점까지는 제가 담임목사이겠지요. 건강하게 은퇴한다면 '원로목사'가 되겠는데, 그 영역은 하나님의 주권 하에 있겠지요.

다시 한 번 여러분의 저에 대한 헤아릴 수 없는 사랑에 고개 숙여 감사를 드리고, 지금까지 그래왔던 것처럼, 앞으로 새 목사님도 천사처럼, 예수님처럼 영접해주시기를 간절히 바랍니다.

"내 몸에는 여러분에게 시험이 될 만한 것이 있는데도, 여러분은 나를 멸시하지도 않고, 외면하지도 않았습니다. 여러분은 나를 하나님의 천사와 같이, 그리스도 예수와 같이 영접해 주었습니다"(갈 4:14).

장로님들과 의논하는 과정에서, 제가 할 수 있으면 마지막 주일인 오늘, 그러니까 1월 31일 주일, 사랑하는 성도 여러분에게 여러 가지로 인사의 말씀과 부탁의 말씀을 드리고 싶다고 했습니다. 수도 없이 많이 생각하였으나, 결국 그렇게 하지 못하고 글로 대신하게 됨이 여전히 아쉽습니다. 정말 죄송합니다.

이제 다시 부탁드립니다. 하나님의 교회요, 주의 몸 된 교회요, 우리 모두가 속해 있는 교회를 위하여, 지금까지 그래왔던 것처럼 주 안에서 하나가 되어 주시고, 후임 목사님의 사역에 적극적으로 협력하여, 영원히 좋은 교회, 위대한 교회가 되게 하여 주십시오.

장로님들께는 어제 별도의 편지를 드렸습니다. 여러분, 우리 교회 장로님들은 목사의 목회에 늘 순종하며 협력하는 좋은 분들입니다. 다른 교회와 비교한다는 것이 좀 이상하지만, 겸손한 장로님들이십니다. 순수한 분들이십니다. 때로는 여러분의 생각과 다르더라도, 남다르게 저와 오랫동안 지내면서 느끼고 경험한 바가 있으니, 장로님들의 결정을 존중하고 따라주십시오.

여러분의 뜨거운 기도에 대한 소식을 듣고 있습니다. 글자 그대로 '쓰러지면서 일어서는' 느낌입니다. 저의 고통이 정말 견디기 힘들어, 하나님의 뜻이 무엇이냐고 여러 번 주님께 여쭈었습니다. 그런데 여러분의 가슴에서 우러나오는 기도와 사랑을 보면서, 우리 교회를 새롭게 일으키시려는 고귀한 뜻이 계심을 깨달았습니다.

하고 싶은 일들이 아직도 너무 많은데 아무것도 못하겠는 것이 매우 안타깝지만, 이제는 더 많은 일을 하는 것보다, 그저 주님 안에 있기를 소망하고 있습니다. For Jesus(Doing)가 아니라 In Jesus(Being)에 관심을 갖고 있습니다.

사랑하는 좋은교회 나의 성도 여러분, 제가 꼭 그렇게 되도록 기도하여 주십시오. 여러분의 간절한 기도로 저의 고통이 감해질 수 있도록 기도하여 주십시오.

이제 새 목사님이 부임하시면 교회가 새롭게 변화될 것입니다. 기대가 되는 바입니다. 하지만 한편으로는 저를 위한 기도가 식을까 봐 걱정이 되기도 합니다. 제가 여러분의 사랑과 관심을 아직도 더 받고 싶어서 하는 말이 결코 아닙니다. 이미 받은 사랑으로도 저는 충만합니다. 다만 중보기도의 필요성을 강조하는 말입니다.

여러분, 정말로 부탁드립니다. 저를 위해 기도를 그치지 말아주십시오. 곰곰이 생각해 보면, 그것은 곧 여러분 자신과 교회를 위해 필요한 일입니다. 하나님께서 우리에게 그 부분이 절실하게 필요하였기에 이렇게 하신 일이기 때문입니다.

그 동안 따뜻한 말, 너그러운 가슴으로 여러분을 대하지 못했던 것을 많이 회개하였습니다. 얼마 전까지만 해도 다시 일어나면 '위로(치유)의 목회'(제2이사야)를 하겠노라고 많이 다짐했었습니다만, 이제 그럴 시간도 없어 한없이 송구스러울 뿐입니다. 여러분에게도 진심으로 용서를 빕니다. 다시 말씀드립니다. 저를 용서해주십시오.

이런 목회서신을 앞으로도 계속해서 쓸 수 있다면 좋겠습니다.

오늘 예배에 주의 성령이 강하게 임하시기를 저도 기도하렵니다.

여러분의 담임목사　韓 榮 濟 드림

'쓰러지면서 일어섬'
두 번째 이야기

남겨두고 싶어서요

초판 1쇄   2010년 3월 15일
     2쇄   2010년 4월 26일

한영제 지음

발 행 인 | 신경하
편 집 인 | 김광덕

펴 낸 곳 | 도서출판 kmc
등록번호 | 제2-1607호
등록일자 | 1993년 9월 4일

(100-101) 서울특별시 중구 태평로1가 64-8 감리회관 16층
(재)기독교대한감리회 출판국

대표전화 | 02-399-2008, 02-399-4365(팩스)
홈페이지 | http://www.kmcmall.co.kr
              http://www.kmc.or.kr

디자인·인쇄 | 리더스 커뮤니케이션 02)2123-9996/7

값 10,000원
ISBN 978-89-8430-462-8 03230